Bolos Românticos

PEGGY PORSCHEN

BISCOITOS E BOLOS PARA CELEBRAR O AMOR

Bolos Românticos

PEGGY PORSCHEN

Fotografias de Georgia Glynn Smith

Edição original © Quadrille Publishing Limited, 2007

© Edição brasileira: **Editora Senac São Paulo, 2013**
**ADMINISTRAÇÃO REGIONAL DO SENAC
NO ESTADO DE SÃO PAULO**
Presidente do Conselho Regional:
Abram Szajman
Diretor do Departamento Regional:
Luiz Francisco de A. Salgado
Superintendente Universitário e de Desenvolvimento:
Luiz Carlos Dourado

Conselho Editorial:
**Luiz Francisco de A. Salgado /
Luiz Carlos Dourado / Darcio Sayad Maia /
Lucila Mara Sbrana Sciotti / Jeane Passos Santana**
Gerente/Publisher:
Jeane Passos Santana
Coordenação Editorial:
**Márcia Cavalheiro Rodrigues de Almeida /
Thaís Carvalho Lisboa**
Comercial:
Jeane Passos Santana
Administrativo:
Luís Américo Tousi Botelho

Editora Senac São Paulo
Rua Rui Barbosa, 377 – 1º andar – Bela Vista
CEP 01326-010
Caixa Postal 1120 – CEP 01032-970 – São Paulo – SP
Tel. (11) 2187-4450 – Fax (11) 2187-4486
E-mail: editora@sp.senac.br
Home page: http://www.editorasenacsp.com.br

© **Editora Boccato (Gourmet Brasil) / CookLovers**
Edição: **André Boccato**
Coordenação administrativa: **Maria Aparecida
C. Ramos**
Assistentes administrativos: **Danilo Istvan / Kelly
Henrique Amorim**
Tradução: **Henrique Cortat / Manon Bourgeade**
Revisão técnica: **Otavia Sommavilla**
Revisão ortográfica: **Maria Luiza Momesso Paulino**
Coordenação de produção: **Arturo Kleque
Gomes Neto**
Diagramação: **Liliana Fusco Hemzo**
Diretor comercial: **Marcelo Nogueira**

Dados Internacionais de Catalogação na Publicação (CIP)
(Jeane Passos Santana - CRB 8ª/6189)

Porschen, Peggy
Bolos românticos : biscoitos e bolos para celebrar o amor /
Peggy Porschen; [tradução Manon Bourgeade e Henrique
Cortat]; fotografias de Georgia Glynn Smith. -- São Paulo :
Editora Senac São Paulo : Boccato, 2013.

Título original: Romantic cakes.
ISBN 978-85-396-0282-7

1. Biscoitos (Culinária) 2. Bolos (Culinária) 3. Receitas I. Glynn
Smith, Georgia. II. Título.

| 12-059s | CDD - | 641.8653 |
| | | 641.8654 |

Índice para catálogo sistemático:

1. Biscoitos : Receitas : Gastronomia 641.8654
2. Bolos : Receitas : Gastronomia 641.8653

*As fotografias das receitas deste livro são ensaios artísticos, não necessariamente
reproduzindo as proporções e a realidade das receitas, as quais foram criadas e testadas pelos
autores, porém sua efetiva realização será sempre uma interpretação pessoal dos leitores.*

Impresso na China

Sumário

BISCOITOS ◆ 6

MINIBOLOS ◆ 34

BOLOS ◆ 72

TÉCNICAS BÁSICAS ◆ 114

Glossário ◆ 142   Tabela de Quantidades ◆ 143   Agradecimentos ◆ 143   Índice ◆ 144

Biscoitos

LÁBIOS SABOROSOS 8 ❧ **VOO DE BORBOLETAS** 10 ❧ **BISCOITINHOS DE NOIVOS** 12

CORAÇÕES PERSONALIZADOS 14 ❧ **BOTÕES DE ROSA** 16 ❧ **BISCOITINHOS CHARMOSOS** 18

DOCE LINGERIE 20 ❧ **AMANTES CELESTES** 22 ❧ **CARNAVAL EM VENEZA** 24

BISCOITINHOS DE CORAÇÃO 28 ❧ **CHÁ DA TARDE** 30 ❧ **CORAÇÕEZINHOS DOCES** 32

Lábios Saborosos

Ideais para o dia dos namorados, estes bicoitos pedem cores fortes: vermelho e rosa intensos, aqui com um pouco de glitter comestível.

PARA APROXIMADAMENTE 20 BISCOITOS

cerca de 400g de glacê real
  (veja página 136)
corante alimentício rosa e vermelho
10 a 12 biscoitos de gengibre (o equivalente a
  uma receita – veja página 119), cortados em
  forma de lábios, na medida aproximada
  de 6 x 10cm
glitter comestível rosa e vermelho

EQUIPAMENTO

2 TIGELAS PEQUENAS
ESPÁTULA PEQUENA
SACO DE CONFEITAR (VEJA PÁGINA 137)
TESOURA
PAPEL-FILME OU PANO ÚMIDO
PINCEL MACIO

1   2   3

1 Divida o glacê real, igualmente, em 2 tigelas. Misture o corante alimentício rosa a uma parte do glacê e a outra parte ao corante vermelho. Adicione um pouco de água até o glacê atingir um ponto de picos macios (veja página 137). Preencha cada saco de confeitar com uma cor.

2 Recorte um pequeno pedaço da ponta de cada saco de papel e confeite as laterais dos lábios com uma linha contínua e firme (veja 1 e página 138). Contorne lábios vermelhos com glacê vermelho e lábios rosa com glacê rosa. Cubra os sacos de papel com papel-filme ou pano úmido para evitar que o glacê se resseque.

3 Dilua o restante do glacê vermelho e rosa em algumas gotas de água para dar uma consistência rala (veja página 137). Encha cada saco de confeitar com uma cor de glacê e despeje no centro do biscoito (veja 2), com cuidado para não transbordar. Para aqueles com glitter, salpique levemente o ingrediente sobre o glacê úmido, na cor apropriada. Deixe secar.

4 Depois de seco, retire, com o pincel, o excesso de glitter dos biscoitos e confeite o meio dos lábios (veja 3) com o restante do glacê. Para realçar o formato dos lábios, confeite o meio dos lábios vermelhos com o glacê rosa e o meio dos lábios rosa com o glacê vermelho. Deixe secar.

Voo de Borboletas

Originalmente, a ideia desta peça de decoração foi desenvolvida com Vanessa Gore para uma revista de noivas. Você pode encontrar lindas gaiolas antigas em feiras ou em lojas especializadas, como também pode alugá-las. Se o tema do casamento for borboletas, combine esta receita com a dos bolinhos individuais das páginas 44-5.

PARA 15 BISCOITOS

15 biscoitos com 3 diferentes tamanhos e formatos de borboleta, feitos com a receita dos Biscoitos Açucarados (veja página 118)
cerca de 600g de glacê real (veja página 136)

EQUIPAMENTO

CORTADOR REDONDO PEQUENO
TIGELA PEQUENA
ESPÁTULA PEQUENA
SACOS DE CONFEITAR (VEJA PÁGINA 137)
TESOURA
PAPEL-FILME OU PANO ÚMIDO
0,75M DE FITA BRANCA

1 Assim que os biscoitos saírem do forno, faça um pequeno buraco no topo de uma das asas de cada borboleta, usando o cortador redondo pequeno. Deixe os biscoitos esfriarem.

2 Depois de frios, misture o glacê com um pouco de água até atingir um ponto de picos moles (veja página 137). Ponha um pouco do glacê nos sacos de confeitar.

3 Recorte um pequeno pedaço da ponta de cada saco de papel e confeite as bordas das asas (veja página 138). Mantenha o saco de confeitar com o restante do glacê coberto com para evitar que o glacê se resseque.

4 Dilua o restante do glacê em algumas gotas de água para adquirir uma consistência rala (veja página 137). Preencha um novo saco de confeitar. Novamente, recorte a ponta do saco de confeitar e preencha o centro das asas com o glacê de consistência rala, com cuidado para não transbordar. Deixe secar.

5 Quando as asas estiverem secas, confeite o corpo e seus detalhes, como curvas e pequenos pontos em suas asas, usando o glacê de picos macios. Deixe secar.

6 Depois que os biscoitos estiverem totalmente secos (o ideal é deixar secar de um dia para outro), passe um pedaço da fita branca através de cada buraquinho e, cuidadosamente, pendure as borboletas por dentro e por fora de uma gaiola de passarinhos.

Biscoitinhos de Noivos

Use estes biscoitos como simples quitutes na festa de casamento ou para acompanhar o seu presente. Para personalizar esta receita, desenhe as roupas dos noivos.

PARA 3 BISCOITOS DE NOIVA E 3 DE NOIVO

cerca de 600g de glacê real (veja página 136)
corante alimentício preto
3 biscoitos feitos no formato de vestido de noiva (cerca de 12,5 x 10cm) e 3 biscoitos no formato de terno (cerca de 7,5 x 11cm), feitos com a receita dos Biscoitos Açucarados (veja página 118)

EQUIPAMENTO

2 TIGELAS PEQUENAS
ESPÁTULA PEQUENA
SACOS DE CONFEITAR (VEJA PÁGINA 137)
TESOURA
PAPEL-FILME OU PANO ÚMIDO

1 Divida o glacê em duas tigelas: cerca de 250g em uma e 350g em outra. Misture o glacê de 250g com o corante alimentício preto. Misture um pouco de água nas duas tigelas até atingir o ponto de picos macios (veja página 137). Preencha cada saco de confeitar com uma cor.

2 Recorte um pequeno pedaço da ponta do saco com o glacê preto e confeite as bordas de cada noivo com uma linha contínua e firme (veja 1 e página 138). Faça o mesmo com o glacê branco nos biscoitos de noiva. Cubra o saco de confeitar com papel-filme ou pano úmido para evitar que o glacê se resseque.

3 Dilua o restante do glacê preto e branco com umas gotas de água para adquirir uma consistência rala (veja página 137). Preencha cada saco de confeitar com uma cor e despeje no centro dos biscoitos com suas respectivas cores, com cuidado para não transbordar. Preencha primeiro o centro dos ternos com o branco (veja 2), deixe secar e preencha a parte preta (veja 3).

4 Depois de secos, confeite os detalhes de cada biscoito, usando o glacê de picos macios (veja 4). Deixe secar.

Corações Personalizados

Esta ideia transforma simples biscoitinhos em lindas decorações para enfeitar as mesas de festas de noivado ou de casamento. Você pode usar outras formas de biscoitos, tomando o cuidado para que a parte de cima seja grande o suficiente para poder escrever os nomes. Em vez de usar uma fita, pode-se embrulhar cada biscoito em papel-celofane, assim os seus convidados poderão levar uma lembrança personalizada para casa.

PARA 10 BISCOITOS

10 biscoitos açucarados (o equivalente a uma receita – veja página 118), cortados no formato de coração (cerca de 6cm)
350g de glacê real (veja página 136)
corante alimentício rosa-pardo e marrom-escuro

EQUIPAMENTO

CORTADOR REDONDO PEQUENO
TIGELA PEQUENA
ESPÁTULA PEQUENA
SACO DE CONFEITAR PEQUENO (VEJA PÁGINA 137)
TESOURA
PAPEL-FILME OU PANO ÚMIDO
1,25M DE FITA ROSA-PASTEL, 15MM DE LARGURA

1 Assim que os biscoitos saírem do forno, faça um pequeno buraco no topo de cada um, usando o cortador redondo pequeno. Deixe os biscoitos esfriarem.

2 Depois de frios, comece com a borda marrom. Na tigela, misture cerca de 300g de glacê com uma pequena quantidade de corante marrom. Adicione um pouco de água até atingir a consistência de picos macios (veja página 137). Coloque um pouco do glacê no saco de confeitar. Recorte um pequeno pedaço da ponta do saco e confeite as bordas do coração (veja página 138).

3 Deverá sobrar um pouco do glacê no saco de confeitar. Pressione de volta para a tigela o restante do glacê marrom e dilua em algumas gotas de água para adquirir uma consistência rala (veja página 137). Coloque em um novo saco de confeitar. Novamente, recorte a ponta do saco e preencha o centro dos biscoitos com o glacê com consistência rala, com cuidado para não transbordar. Deixe secar.

4 Depois de seco, misture o restante do glacê real com o corante alimentício rosa-pardo e um pouco de água para adquirir consistência de picos macios. Coloque em um saco de confeitar, recorte um pequeno pedaço da ponta e confeite a borda em zigue-zague ao redor dos corações. Confeite os nomes ou iniciais no centro. Deixe secar.

5 Depois que os corações estiverem completamente secos (o ideal é deixar secar de um dia para outro), passe um pedaço da fita através do buraquinho e amarre em nó ou em arco. Amarre no champagne ou no guardanapo, como marcador de lugar.

Botões de Rosa

Para acrescentar um efeito olfativo a estas rosas, adicione ao glacê um pouco de água de rosas. Embrulhados em papel-celofane ou servidos em uma bandeja colorida, estes biscoitinhos são perfeitos para presentear uma amiga ou para servir em uma festa de casamento.

PARA APROXIMADAMENTE 10 BISCOITOS

cerca de 450g de glacê real
  (veja página 136)
corante alimentício vermelho, verde e rosa
pequena quantidade de água de rosas
12 biscoitos no formato de botões de rosa,
  feitos com uma receita de Biscoitos
  Açucarados (sabor baunilha – veja página 118)

EQUIPAMENTO

TIGELAS PEQUENAS
ESPÁTULA PEQUENA
ALGUNS SACOS DE CONFEITAR (VEJA PÁGINA 137)
TESOURA
PAPEL-FILME OU PANO ÚMIDO

1 Coloque cerca de 300g de glacê real em uma das tigelas e tinja-o com corante alimentício vermelho. Adicione algumas gotas de água de rosas até o glacê adquirir consistência de picos macios (veja página 137). Coloque uma pequena quantidade em um saco de confeitar.

2 Recorte um pequeno pedaço da ponta do saco de confeitar e confeite as bordas dos botões de rosa do biscoito, deixando espaço suficiente para as folhas verdes na parte de baixo dos biscoitos. Confeite todas as linhas vermelhas primeiro.

3 Deverá sobrar um pouco do glacê no saco de confeitar. Pressione de volta para a tigela o restante do glacê vermelho e dilua em algumas gotas de água de rosas para adquirir uma consistência rala (veja página 137). Coloque em um novo saco de confeitar. Novamente, recorte a ponta do saco e preencha o centro das bordas vermelhas dos botões de rosa com o glacê com consistência rala, com cuidado para não transbordar. Deixe secar antes de confeitar o caule verde.

4 Quando o glacê vermelho estiver seco, pegue cerca de 100g do glacê e tinja com o corante alimentício verde. Coloque uma pequena quantidade em um saco de confeitar, confeite a borda do caule primeiro e, depois, como no passo 3, faça um pouco do glacê verde. Preencha o centro do caule. Deixe secar. Reserve uma pequena quantidade do glacê de picos macios verde para confeitar a borda das folhas e do caule.

5 Misture os 50g restantes do glacê com o corante alimentício rosa e trace as pétalas individuais dos botões da rosa. Deixe secar.

6 Depois que o glacê estiver seco, trace as bordas dos caules, usando o glacê verde reservado. Deixe secar.

Biscotinhos Charmosos

Com esta ideia, você pode transformar o seu bolo de casamento em deliciosas iguarias que os seus convidados poderão levar para casa como lembrança. Pode-se também mandar estes biscoitos para os convidados que não puderam comparecer.

PARA 6 BISCOITOS

600g de glacê real (veja página 136)
corante alimentício azul-bebê
6 biscoitos no formato de bolos de casamento (cerca de 10 x 12,5cm), feitos com uma receita dos Biscoitos Açucarados (veja página 118)

EQUIPAMENTO

TIGELA PEQUENA
ESPÁTULA PEQUENA
SACOS DE CONFEITAR (VEJA PÁGINA 137)
TESOURA
PAPEL-FILME OU PANO ÚMIDO

1 Na tigela pequena, misture 450g de glacê real com um pouco de água para adquirir consistência de picos macios. Preencha o saco de confeitar com o glacê.

2 Recorte um pequeno pedaço da ponta do saco de confeitar e confeite as bordas do bolo de cada biscoito com uma linha contínua e firme (veja página 138). Mantenha o saco de confeitar com o restante do glacê coberto com papel-filme ou pano úmido para evitar que o glacê se resseque.

3 Dilua o restante do glacê em algumas gotas de água para adquirir uma consistência rala (veja página 137). Coloque no saco de confeitar e despeje no centro dos biscoitos, com cuidado para não transbordar.

4 Depois de seco, misture 150g do glacê real com o corante alimentício azul-bebê e um pouco de água para adquirir consistência de picos macios (veja página 137). Confeite as bordas da fita no centro de cada biscoito. Mantenha o saco de confeitar com o restante do glacê coberto com papel-filme ou pano úmido para evitar que o glacê se resseque.

5 Dilua o restante do glacê azul em uma pequena quantidade de água para adquirir consistência rala, coloque no saco de confeitar e despeje no centro da fita, com cuidado para não transbordar.

6 Com o restante do glacê branco em consistência de picos macios, confeite a borda, os detalhes restantes e os pontos da parte de baixo do biscoito. Com o restante do glacê azul em consistência de picos macios, confeite os detalhes restantes da fita do bolo. Deixe secar.

Doce Lingerie

Embrulhe estes biscoitinhos em papel-celofane para uma festa de despedida de solteira ou, se você for casada, presenteie o seu marido para ele ter um gostinho do que o espera!

PARA 4 BISCOITOS DE UMA PEÇA DE LINGERIE E 4 BISCOITOS DE DUAS PEÇAS DE LINGERIE

600g de glacê real (veja página 136)
corante alimentício vermelho e rosa
4 biscoitos no formato de camisola (cerca de 6 x 10cm) e 4 biscoitos no formato de sutiã e calcinha, feitos com uma receita dos Biscoitos Açucarados (veja página 118)

EQUIPAMENTO

3 TIGELAS PEQUENAS
ESPÁTULA PEQUENA
SACOS DE CONFEITAR (VEJA PÁGINA 137)
TESOURA
PAPEL-FILME OU PANO ÚMIDO

1 Divida igualmente o glacê real em 3 tigelas pequenas. Tinja um com o corante rosa, outro com o vermelho e deixe o terceiro branco. Adicione uma pequena quantidade de água até o glacê adquirir uma consistência de picos macios (veja página 137). Preencha os sacos de confeitar com uma pequena quantidade do glacê de cada cor, e mantenha o restante do glacê coberto com papel-filme ou pano úmido para prevenir o glacê de se ressecar.

2 Recorte um pequeno pedaço da ponta de cada saco de confeitar e confeite as bordas dos sutiãs, das calcinhas e das camisolas de cada biscoito (veja 1). Mantenha o saco de confeitar com o restante do glacê coberto com papel-filme ou pano úmido para evitar que o glacê se resseque.

3 Dilua o restante do glacê nas tigelas em um pouco de água para adquirir uma consistência rala (veja página 137) e preencha 3 novos sacos de confeitar. Despeje o glacê no centro dos biscoitos, com a mesma cor das bordas para formar uma base, e use uma cor diferente para confeitar pequenos pontos na base ainda úmida (veja 2). Assim, os pequenos pontos vão se ajeitar e formar uma superfície lisa junto com o glacê-base. Deixe secar.

4 Depois que todos os biscoitos estiverem secos, confeite os detalhes restantes, assim como os babadinhos, listras e pequenas fitas, usando o restante do glacê reservado no saco de confeitar (veja 3). Deixe secar.

Amantes Celestes

As estrelas e a lua inspiram os amantes desde sempre. Estes biscoitos têm um gostinho de céu!

PARA 5 BISCOITOS DE LUA CRESCENTE E 15 ESTRELAS PEQUENAS

400g de glacê real (veja página 136)

corante alimentício preto

5 biscoitos no formato de lua crescente (cerca de 5 x 10cm) e 15 biscoitos no formato de pequenas estrelas (cerca de 3,5cm), feitos com uma receita dos Biscoitos Açucarados (veja página 118)

glitter comestível prata

EQUIPAMENTO

TIGELAS PEQUENAS

ESPÁTULA PEQUENA

SACOS DE CONFEITAR (VEJA PÁGINA 137)

TESOURA

PINCEL MACIO

PAPEL-FILME OU PANO ÚMIDO

1 Disponha o glacê real em uma das tigelas e misture com uma pequena quantidade de corante preto para atingir uma cor cinza-claro. Adicione uma pequena quantidade de água até o glacê adquirir uma consistência de picos macios (veja página 137). Preencha o saco de confeitar com um pouco do glacê. Mantenha o restante do glacê coberto com papel-filme ou pano úmido para prevenir que ele se resseque.

2 Recorte um pequeno pedaço da ponta de cada saco de confeitar e confeite as bordas das luas e das estrelas com uma linha contínua e firme (veja página 138).

3 Dilua o restante do glacê em algumas gotas de água para adquirir uma consistência rala (veja página 137). Preencha um novo saco de confeitar.

4 Novamente, recorte um pequeno pedaço da ponta de cada saco de confeitar e despeje o glacê no centro de cada biscoito, com cuidado para não trasnbordar.

5 Enquanto o glacê ainda estiver úmido, salpique uma pequena quantidade do glitter sobre eles e deixe secar.

6 Depois que o glacê estiver seco, retire, cuidadosamente, com o pincel macio, o excesso de glitter de cada biscoito.

Carnaval em Veneza

Eu desenvolvi estes biscoitos para o casamento da minha sogra: o tema da festa era Veneza, e a máscara branca é uma cópia quase idêntica à que a noiva usava. Uma vez que todos os convidados tinham que usar máscaras, resolvi adicionar um espeto para que as mulheres pudessem segurar suas máscaras e fitas para que os homens pudessem prendê-las.

PARA 10 BISCOITOS

10 biscoitos de gengibre (o equivalente a uma receita – veja página 119)
600g de glacê real (veja página 136)
corante alimentício marfim
glitter comestível dourado
corante comestível em pó dourado
uma pequena quantidade de bebida alcoólica neutra (vodca)
uma pequena quantidade de massa elástica
uma pequena quantidade de açúcar impalpável

EQUIPAMENTO

PLACA DE PLÁSTICO ANTIADERENTE
ROLO DE MASSA PEQUENO
5 ESPETOS
CORTADOR EM FORMATO DE MÁSCARA E GOTA
FACA PEQUENA
ASSADEIRA
GRELHA DE ARAME
2 TIGELAS PEQUENAS
ESPÁTULA PEQUENA
SACOS DE CONFEITAR (VEJA PÁGINA 137)
TESOURA
PINCEL MACIO
PAPEL-FILME OU PANO ÚMIDO
PINCEL FINO DE ARTISTA
FITA FINA DOURADA DE 5MM DE ESPESSURA
CORTADOR EM FORMATO DE FLOR (1 GRANDE, 1 PEQUENO)
PALETA DE PINTOR PARA MISTURAR CORES (GODÊ)
FITA DOURADA E MARFIM DE 2,5MM DE ESPESSURA

1 Abra a massa do biscoito de gengibre na placa de plástico, antiaderente na espessura de 1cm. Disponha cerca de um terço do espeto embaixo da massa e continue a abri-la sobre o mesmo até a massa ficar 1mm mais espessa que o espeto.

2 Com a ajuda do cortador em formato de máscara, recorte a massa na lateral do espeto (use a faca pequena, se necessário). Com o cortador em formato de gota, corte os olhos da máscara. Cuidadosamente, transfira a máscara já cortada para a assadeira. Repita o processo até obter as 5 máscaras com espeto e mais 5 máscaras sem.

3 Asse as máscaras, seguindo as instruções da página 119, e deixe esfriar sobre a grelha de arame.

PARA PREPARAR AS MÁSCARAS DOURADAS

4 Disponha 300g do glacê real em uma das tigelas pequenas. Misture com uma quantidade suficiente do corante marfim para obter uma cor intensa. Adicione algumas gotas de água e misture até o glacê adquirir uma consistência de picos macios (veja página 137). Preencha o saco de confeitar com um pouco do glacê. Mantenha o restante do glacê coberto com papel-filme ou pano úmido para prevenir o glacê de se ressecar.

5 Recorte um pequeno pedaço da ponta do saco de confeitar e confeite as bordas das máscaras douradas com uma linha contínua e firme (veja página 138). Cubra o saco de confeitar com papel-filme ou pano úmido para evitar que o glacê se resseque.

6 Acrescente um pouco mais de água ao glacê restante para adquirir uma consistência rala (veja página 137). Preencha um novo saco de confeitar e use-o para preencher o centro das máscaras.

7 Enquanto o glacê dos biscoitos ainda estiver úmido, salpique um pouco do glitter comestível dourado sobre cada um e deixe secar completamente. Depois de seco, retire o excesso com o pincel macio.

8 Use o saco de confeitar com o glacê de consistência de picos macios para fazer os detalhes ao redor dos olhos. Deixe secar.

9 Depois que os detalhes dos olhos estiverem secos, misture em uma das tigelas pequenas um pouco da bebida alcoólica neutra com o corante em pó dourado para formar uma pasta espessa. Com o pincel fino de artista, pinte com a pasta dourada. Deixe secar de um dia para outro.

10 Depois de secos, amarre um pedaço da fita dourada em cada lado do olho.

PARA PREPARAR AS MÁSCARAS MARFIM

11 Disponha o restante do glacê real em outra tigela pequena e tinja com uma pequena quantidade do corante marfim para obter uma cor mais pálida. Adicione algumas gotas de água e misture até o glacê adquirir uma consistência de picos macios (veja página 137). Preencha o saco de confeitar com um pouco do glacê. Mantenha o restante do glacê coberto.

12 Repita os passos 5 e 6, usando o glacê marfim-pálido.

13 Prepare as flores de açúcar. Abra a massa elástica na placa de plástico antiaderente, polvilhada com açúcar impalpável, até ficar bem fina. Corte as flores de açúcar, usando os cortadores adequados.

14 Disponha cada flor dentro de cada buraquinho da paleta de pintor. Isso fará com que elas sequem em um formato arredondado e curvado.

15 Depois que o glacê do biscoito estiver seco, fixe as flores com um pouco do glacê no topo das máscaras.

16 Com o saco de confeitar reservado com o glacê marfim-pálido, confeite os detalhes e os pequenos pontos ao redor dos olhos, e o centro das flores. Deise secar de um dia para outro.

17 Finalize os biscoitos, amarrando um laço da fita dourada no topo de cada espeto das máscaras.

Biscoitinhos de Coração

Por razões óbvias, estes biscoitos são ideais para festas de casamento. O que deixa estas iguarias tão bonitas é o fato de serem apresentadas em diferentes tons de uma mesma cor. Essa receita funciona com todas as cores. Em vez de embrulhar os biscoitos, você pode servi-los individualmente, ao lado de uma xícara de café, ou em cima de um bolo.

PARA 24 BISCOITOS

300g de glacê real (veja página 136)

corante alimentício rosa

24 biscoitos no formato de pequenos corações (cerca de 3,5cm), feitos com meia quantidade da receita dos Biscoitos Açucarados (veja página 118)

EQUIPAMENTO

TIGELA PEQUENA

ESPÁTULA PEQUENA

SACOS DE CONFEITAR (VEJA PÁGINA 137)

TESOURA

PAPEL-FILME OU PANO ÚMIDO

FITA DE CETIM ROSA DE APROXIMADAMENTE 4MM DE ESPESSURA

1 Na tigela, misture um terço do glacê real com uma pequena gota do corante rosa para atingir um rosado leve. Adicione um pouco de água para adquirir consistência de picos macios (veja página 137). Preencha o saco de confeitar com um pouco do glacê. Mantenha a tigela, com o glacê restante, coberta.

2 Recorte um pequeno pedaço da ponta do saco de confeitar e confeite as bordas dos corações com uma linha contínua e firme (veja página 138). Confeite 8 dos corações com o glacê rosa-claro.

3 Deverá sobrar um pouco do glacê no saco de confeitar. Pressione de volta para a tigela o restante do glacê rosa-claro e dilua em algumas gotas de água para adquirir uma consistência rala (veja página 137). Coloque em um novo saco de confeitar.

4 Novamente, recorte a ponta do saco e preencha o centro dos biscoitos com o glacê de consistência rala, com cuidado para não transbordar.

5 Repita os passos 1 a 4, usando dois tons de rosa mais escuros. Assim obterá mais 8 biscoitos de cada tom de rosa.

6 Se desejar, você pode embalar, juntos, biscoitos nos vários tons de rosa, em um saquinho de papel-celofane, e amarrar com a fita.

Chá da Tarde

Com um estilo retrô, estes biscoitos são ideais para complementar uma festa vintage de noivado.

PARA 4 BISCOITOS EM FORMATO DE BULE E 4 BISCOITOS EM FORMATO DE XÍCARAS DE CHÁ

600g de glacê real (veja página 136)

corante alimentício rosa, azul e verde

4 biscoitos no formato de bule (cerca de 7,5 x 8,5cm) e 4 biscoitos no formato de xícaras de chá, feitos com a quantidade de uma receita dos Biscoitos Açucarados (veja página 118)

EQUIPAMENTO

3 TIGELAS PEQUENAS

ESPÁTULA PEQUENA

SACOS DE CONFEITAR (VEJA PÁGINA 137)

TESOURA

PAPEL-FILME OU PANO ÚMIDO

1 Divida igualmente o glacê real nas 3 tigelas pequenas. Misture uma parte com o corante rosa, outra com o azul e mantenha o terceiro branco. Adicione uma pequena quantidade de água nas 3 tigelas até o glacê adquirir uma consistência de picos macios (veja página 137). Preencha cada saco de confeitar com uma cor.

2 Recorte um pequeno pedaço da ponta de cada saco de confeitar e confeite as bordas de cada biscoito com uma linha contínua e firme (veja página 138), decorando um bule e uma xícara de chá com cores diferentes. Cubra os sacos de confeitar com papel-filme ou pano úmido para evitar que o glacê se resseque.

3 Dilua o restante do glacê nas tigelas com um pouco de água para adquirir uma consistência rala (veja página 137). Preencha cada saco de confeitar com uma cor e despeje o glacê no centro dos biscoitos com a mesma cor das bordas, com cuidado para não transbordar.

4 Depois que todos os biscoitos estiverem secos, confeite, com o glacê de consistência de picos macios, as bordas das tampas dos bules e as alças de cada xícara, usando cores diferentes.

5 Em seguida, confeite os detalhes restantes de cada biscoito: pequenos pontos, listras, corações e pequenos botões de rosa. Para as folhinhas das rosas, misture um pouco do glacê real restante com um pouco do corante verde, recorte um pequeno pedaço da ponta do saco de confeitar, e no formato de V, confeite as folhas. Deixe secar.

Coraçõezinhos Doces

Apesar de não envolver cozimento e técnicas de decoração, não pude resistir a colocar esta ideia simples e irresistível neste livro. Você pode usar a forma que quiser.

PARA 12 CUBOS DE AÇÚCAR

cerca de 6 colheres de sopa de açúcar granulado

corante alimentício rosa, azul e amarelo

EQUIPAMENTO

3 TIGELAS PEQUENAS
PAPEL-MANTEIGA
CORTADOR DE BISCOITO PEQUENO EM FORMATO DE CORAÇÃO
COLHER DE CHÁ

1 Divida igualmente o açúcar nas 3 tigelas pequenas. Depois, misture cada corante em uma tigela com um pouco de água para deixá-lo úmido. Misture até a cor ficar uniforme.

2 Sobre um pedaço de papel-manteiga, pressione firmemente a pasta de açúcar dentro do cortador em formato de coração (veja 1) e nivele o topo com o auxílio de uma colher de chá (veja 2). Com cuidado, retire o cortador e deixe secar completamente (veja 3 e 4).

3 Repita o processo até acabarem as misturas feitas com o açúcar.

Minibolos

JE T'AIME MON AMOUR 36 ✦ MINIBOLOS COM LAÇO DE CHOCOLATE 38
BOLINHOS NÃO-ME-ESQUEÇAS 42 ✦ BOLINHOS DE CASAMENTO 44
ROSAS DE FITA 48 ✦ CORAÇÕES DE CHOCOLATE 52 ✦ CUPCAKES ROCOCÓ 56
BOUQUETS DE FLORES 60 ✦ CAIXINHAS DE AÇÚCAR ESTILO TIFFANY 64
CUPCAKES PRIMAVERA 68

Je T'aime Mon Amour...

Perfeito para deixar o seu presente personalizado, este pequeno alfabeto permite todas as frases. Você pode também deixar as letras desordenadas, em estilo de puzzle, para que a pessoa que receber possa colocar as letras na ordem certa!

PARA UMA MENSAGEM IGUAL À DO LADO, 15 LETRAS
15 bolinhos com fondant, feitos seguindo as instruções das páginas 133-4, usando quadrados de 15cm do Bolo Victoria (meia receita, veja guia na página 143) e fondant vermelho
250g de glacê real
corante alimentício vermelho e rosa

EQUIPAMENTO
15 FORMINHAS DE PAPEL PARA MUFFINS NA COR PRATA-METÁLICO (FORMINHAS DE PAPEL QUADRADAS NÃO SÃO FABRICADAS, MAS ESTAS SÃO MOLDÁVEIS)
TIGELA PEQUENA
ESPÁTULA PEQUENA
SACOS DE CONFEITAR (VEJA PÁGINA 137)
TESOURA
CAIXA PARA PRESENTE, PAPEL DE EMBRULHOS E FITA (OPCIONAL)

1 Disponha os bolinhos com o fondant nas forminhas de papel. Geralmente, apenas forminhas redondas de muffin são encontradas, portanto você deverá moldá-las, seguindo as instruções da página 134.

2 Coloque 200g do glacê real na tigela pequena. Com a espátula, misture o corante rosa e algumas gotas de água até adquirir uma consistência de picos macios (veja página 137). Preencha o saco de confeitar com um pouco do glacê e mantenha coberto o restante do glacê da tigela.

3 Recorte um pequeno pedaço da ponta do saco de confeitar e confeite as bordas das letras sobre o fondant, no topo dos bolinhos.

4 Caso sobre um pouco do glacê no saco de confeitar, pressione-o de volta para a tigela e dilua em algumas gotas de água para adquirir uma consistência rala (veja página 137). Coloque em um novo saco de confeitar e use-o para preencher o centro das letras, com cuidado para não transbordar.

5 Misture os 50g restantes do glacê real com o corante vermelho e água suficiente para adquirir consistência rala. Coloque em um novo saco de confeitar, recorte um pequeno pedaço da ponta e faça os pontinhos sobre o glacê das letras ainda úmido. Deixe secar.

6 Arrume os bolinhos para formar a mensagem escolhida (ou deixe de forma desarrumada) dentro da caixa de presente, caso desejar.

Minibolos com Laço de Chocolate

Estes bolinhos são ideais para casamentos com poucos convidados: pode-se fazer um para cada convidado, em vez de fazer um bolo grande. Como podem ser transportados facilmente e ficam lindos em caixa clara, eles também podem ser servidos como doçuras durante o casamento.

PARA 6 MINIBOLOS DE CASAMENTO COM 2 ANDARES CADA

250g de pasta americana de chocolate
CMC (carboximetilcelulose)
açúcar impalpável, para polvilhar
cola comestível (acrescente 1 colher de chá de CMC a 200ml de água e deixe descansar por 24h)
6 bolinhos redondos de 7,5cm de diâmetro e 6 de 3,5cm de diâmetro, feitos com 1 receita do Bolo de Chocolate Intenso (veja página 124), recheados e molhados com o sabor de sua escolha, e cobertos com marzipã e com a pasta americana da cor azul-pastel, verde e amarelo (2 de cada tipo de bolo em cada cor, veja páginas 125-8)
pequena quantidade de glacê real (veja página 136)
corante alimentício verde-abacate e marrom-escuro

EQUIPAMENTO

PAPEL-FILME OU PANO ÚMIDO
PLACA DE PLÁSTICO ANTIADERENTE
ROLO DE MASSA PEQUENO
ESPÁTULA PEQUENA
CARRETILHA
PINCEL PEQUENO
PAPEL-TOALHA
CORTADOR EM FORMA DE LAÇO

PARA OS MINIBOLOS AZUIS

▶1 Misture a pasta americana de chocolate com um pouco do CMC. Embrulhe com papel-filme e deixe descansar por meia hora, até a pasta ficar flexível.

▶2 Sobre a placa de plástico antiaderente polvilhada com açúcar impalpável, abra a pasta americana com o rolo, corte em tiras de 15mm de largura e vire-as ao contrário (onde a superfície é mais lisa). Passe levemente a carretilha sobre as bordas da tira para marcá-las.

▶3 Para fazer cada laço, corte uma tira de 10cm de comprimento. Dobre as duas pontas e cole-as no meio da tira, colocando papel-toalha através do laço para dar suporte. Corte outra tira de 3cm de comprimento, arremate o centro do laço onde as duas pontas se encontram e cole com a cola comestível. Deixe secar.

▶4 Para finalizar cada laço, corte mais 2 tiras de 4cm de comprimento e corte as pontas em V. Fixe no topo do bolo com a cola comestível e, depois, fixe o laço.

5 Corte 4 tiras de 15cm de comprimento cada e disponha-as ao longo das laterais do bolo, fixando-as com a cola comestível. Corte 4 tiras finas para preencher os espaços vazios na parte de baixo do bolo, entre uma tira e outra.

PARA OS MINIBOLOS VERDES

6 Sobre a placa de plástico antiaderente polvilhada com açúcar impalpável, abra a pasta americana com o rolo até ficar fina. Corte o formato de laço usando o cortador adequado. Monte os laços como os passos anteriores. Deixe secar.

7 Divida mentalmente o andar superior em 3 partes e o inferior em 5 partes e, com um pouco de glacê, confeite pontinhos nas bordas (esses pontos servirão de referência para fixar as tiras).

8 Abra outro pedaço da pasta americana com o rolo e corte tiras de 1cm de largura e de 4-6cm de comprimento.

9 Com os dedos, retorça as tiras e fixe-as, com a cola comestível, nas laterais dos bolinhos, marcadas com os pontos onde será a junção entre uma tira e outra.

10 Disponha os laços nas junções das tiras, usando um pouco de glacê real para fixá-las.

11 Misture uma pequena quantidade do glacê real com um pouco do corante verde para adquirir consistência de picos macios (veja página 137) e confeite pequenos pontinhos ao longo das bases de cada andar.

PARA OS MINIBOLOS AMARELOS

12 Sobre a placa de plástico antiaderente polvilhada com açúcar impalpável, abra a pasta americana com o rolo até ficar bem fina. Corte uma tira de 5mm de largura, para envolver a base do andar inferior, e uma de 2,5cm de largura, para envolver a base do andar superior do bolinho. Fixe-as com a cola comestível.

13 Para o laço, corte uma tira da pasta americana de 5cm de largura por 10cm de comprimento. Dobre as duas pontas e cole-as no meio da tira, colocando papel-toalha através do laço para dar suporte. Corte outra tira de 3cm de comprimento, arremate o centro do laço onde as duas pontas se encontram e cole com a cola comestível. Deixe secar.

14 Para finalizar cada laço, corte mais 2 tiras de 4cm de comprimento e corte as pontas em V. Fixe no topo do bolo com a cola comestível e fixe o laço.

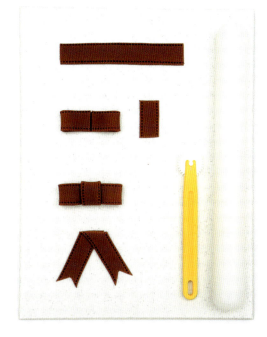

Bolinhos Não-Me-Esqueças

Estas doçuras são os bolinhos perfeitos para o chá da tarde ou para serem servidos como *petits fours*. A flor não-me-esqueças é ideal para comemorar a hora da despedida, quando os noivos forem embora para a lua de mel.

PARA 16 BOLINHOS COM FONDANT

16 bolinhos com fondant (feitos seguindo as instruções das páginas 133-4), usando quadrados de 15cm do Bolo Victoria, no sabor da sua preferência e banhados em fondant lilás

100g de massa elástica

corante alimentício azul e amarelo

açúcar impalpável ou amido de milho, para polvilhar

pequena quantidade de glacê real (veja página 136)

EQUIPAMENTO

16 FORMINHAS DE PAPEL PARA MUFFINS NA COR PRATA METÁLICO

PLACA DE PLÁSTICO ANTIADERENTE COM PEQUENOS FUROS

ROLO DE MASSA PEQUENO

CORTADOR EM FORMATO DE FLOR COM 5 PÉTALAS

ESTECA DE PLÁSTICO COM PONTA ARREDONDADA

ESTECA DE PLÁSTICO COM PONTA FINA E BOLEADOR

SAQUINHO HERMETICAMENTE FECHADO

SACOS DE CONFEITAR (VEJA PÁGINA 137)

TESOURA

1 Disponha os bolinhos com o fondant nas forminhas de papel, seguindo as instruções da página 134.

2 Adicione uma pequena quantidade do corante azul até atingir uma coloração azul-pastel.

3 Sobre a placa de plástico antiaderente polvilhada com açúcar impalpável, disponha uma pequena quantidade da massa elástica sobre o furo médio do suporte. Abra com o rolo até a massa ficar bem fina. Retire a massa aberta do furo, vire-a ao contrário e, com a parte da pequena elevação voltada para cima, corte-a com o cortador em formato de flor.

4 Levante a flor com cuidado e curve-a, com o auxílio da esteca de plástico com ponta arredondada, para ficar no formato de cuia. Delicadamente, pressione a ponta fina e arredondada da esteca de plástico no centro de cada flor. Deixe secar. Faça aproximadamente 48 flores.

5 Depois de secas, agrupe as flores sobre os bolinhos com fondant, com um pouco de glacê real para fixá-las.

6 Misture uma pequena quantidade do glacê real com um pouco do corante amarelo, preencha o saco de confeitar, recorte um pequeno pedaço da ponta e confeite pequenos pontinhos no centro de cada flor.

7 Pressione o restante do glacê do saco de confeitar para dentro de uma tigela, adicione uma gota de corante azul e misture, até atingir uma coloração verde. Preencha outro saco de confeitar, corte um pequeno pedaço da ponta em V e confeite pequenas folhas ao redor das flores.

Bolinhos de Casamento

A mistura de tamanhos diferentes e o fato de usar borboletas em pares ou sozinhas, em cima de cada bolo, cria um efeito visual interessante. Para deixar esta criação mais vibrante, você pode colocar os bolinhos em andares diferentes. Como símbolo de amor e união, coloquei um casal de grandes borboletas no topo do bolo.

PARA 25 MINIBOLOS
E 1 BOLO PARA O TOPO
pequena quantidade de gordura vegetal
350g de glacê real
25 bolinhos redondos de 30cm de diâmetro e
   1 bolo redondo de 15cm de diâmetro,
   feitos com 4 quantidades e meia da receita
   do Bolo Victoria, recheados e umedecidos
   com o sabor de sua escolha, e depois
   cobertos com marzipã e com uma fina
   camada de pasta americana branca,
   seguindo as instruções das páginas 127-31

EQUIPAMENTO
FOLHAS DE PAPEL-CELOFANE
TIGELA PEQUENA
ESPÁTULA PEQUENA
SACOS DE CONFEITAR (VEJA PÁGINA 137)
TESOURA
PAPEL-FILME OU PANO ÚMIDO
PAPELÃO FINO
PAPEL-MANTEIGA
6 METROS DE FITA BRANCA DE CETIM DE 15MM
DE ESPESSURA

1 Disponha uma folha de celofane sobre o molde de borboleta (veja o molde na página 146) e unte com um pouco da gordura vegetal.

2 Misture o glacê real com um pouco de água para adquirir uma consistência de picos macios (veja página 137) e coloque um pouco no saco de confeitar. Recorte um pequeno pedaço da ponta do saco de confeitar e confeite as bordas das asas no papel-celofane. Mantenha a tigela com o restante do glacê coberto com papel-filme ou pano úmido, para evitar que o glacê se resseque.

3 Dilua 250g do glacê em uma pequena quantidade de água para adquirir uma consistência rala (veja página 137). Preencha um saco de confeitar e despeje o glacê no centro das asas das borboletas. Para prevenir que os glacês das duas asas se juntem, despeje primeiramente em uma asa e deixe secar antes de confeitar a outra parte. Deixe as borboletas secarem completamente, de um dia para outro.

4 Depois de secas, confeite as asas com pequenos pontinhos e curvas, usando o glacê com consistência de picos macios. Deixe secar.

5 Pegue um pedaço de papelão fino (use a tampa de uma caixa de bolo) e dobre como uma sanfona (veja página 80). Corte um pedaço de papel-manteiga em tiras para forrar as dobras do papelão.

6 Depois que as asas confeitadas estiverem secas, retire-as, cuidadosamente, do papel-celofane. Confeite o corpo das borboletas nas dobras forradas com o papel-manteiga e fixe as asas, seguindo as instruções da página 80. Deixe secar por algumas horas para se ter certeza de que elas estão totalmente unidas.

PARA DECORAR OS BOLINHOS

7 Corte a fita em pedaços suficientes para cobrir as laterais e contorne as bases de cada bolinho, fixando-as com um pouco do glacê.

8 Confeite pequenos pontinhos com o glacê de consistência de picos macios entre a fita e o bolinho (veja 1).

9 Depois das borboletas secas, fixe-as com um pouco do glacê no topo dos bolinhos (veja 2). Junte pares de borboletas e algumas sozinhas no topo de cada bolinho e finalize o bolo maior do topo com duas borboletas grandes.

Rosas de Fita

Muito fáceis de confeccionar, estas lindas rosas parecem uma fita enrolada, por isso decidi chamá-las de rosas de fita.

PARA 12 CUPCAKES

200g de pasta americana
corante alimentício vermelho, rosa e verde
açúcar impalpável
12 cupcakes, feitos com meia receita do Bolo Victoria (veja página 122), no sabor da sua preferência, assados em formas de cupcakes, umedecidos com calda de açúcar (veja página 125) e glaceados com fondant roxo e rosa (veja páginas 133-5)
pequena quantidade de glacê real (veja página 136)

EQUIPAMENTO

PAPEL-FILME
PLACA PEQUENA DE PLÁSTICO ANTIADERENTE
ROLO DE MASSA PEQUENO
CORTADOR EM FORMATO DE FOLHA
FACA PEQUENA
SACO DE CONFEITAR (VEJA PÁGINA 137)
TESOURA

1 Misture 75g da pasta americana com o corante vermelho, 75g com o corante rosa e 50g com o corante verde. Sempre mantenha a pasta americana que não estiver usando coberta para prevenir que se resseque.

2 Na placa polvilhada com açúcar impalpável, abra um pedaço da pasta americana vermelha ou rosa em 3cm de largura, 8cm de comprimento e 1mm de espessura. Corte e descarte as pontas. Dobre a tira ao meio no sentido da largura, belisque suavemente a tira enquanto estiver dobrando para dar efeito ondulado, como o demonstrado. Enrole a tira de uma ponta a outra e retire o excesso da parte inferior para formar a flor. Deixe secar. Você precisará de 6 rosas vermelhas e 6 rosas.

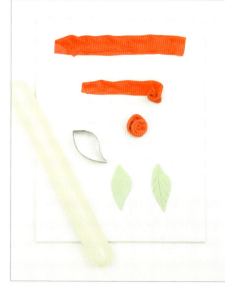

3 Para as folhas, abra a pasta americana verde até ficar bem fina e corte 24 folhas, usando o cortador. Marque as veias das folhas com o auxílio de uma pequena faca. Formate suavemente as folhas com os dedos e deixe secar.

4 Depois que as rosas e as folhas estiverem secas, fixe-as com o glacê real em cima dos cupcakes.

Corações de Chocolate

De estilo francês, estas doçuras são uma alternativa ideal para bombons ou trufas de chocolate. Eu usei uma técnica à moda antiga para fazer as bordas, o que dá um toque retrô a estes biscoitos simples.

PARA 24 BOLINHOS

24 bolinhos, feitos com 1 receita e meia do Bolo de Chocolate Intenso (veja página 124), assados em forminhas com formato de minicorações (cerca de 5cm)

2 colheres de sopa de geleia peneirada de damasco

açúcar impalpável, para polvilhar

1kg de pasta americana de chocolate

um pouco de cola comestível (acrescente 1 colher de chá de CMC a 200ml de água e deixe descansar por 24h) ou bebida alcoólica incolor (vodca)

pequena quantidade de glacê real (veja página 136)

corante alimentício rosa

200g de massa elástica

corante em pó perolado rosa

EQUIPAMENTO

FACA PEQUENA
PANELA PEQUENA
PINCEL MACIO
ROLO DE MASSA
RÉGUAS ESPAÇADORAS DE 5MM DE LARGURA
PINÇA MARCADORA COM A PONTA FRISADA
ROLO TEXTURIZADOR
SACO DE CONFEITAR (VEJA PÁGINA 137)
TESOURA
PLACA DE PLÁSTICO ANTIADERENTE
CORTADOR EM FORMATO DE CORAÇÃO PEQUENO
PINCEL FINO DE ARTISTA

1 Nivele o topo dos bolinhos de coração, usando a faca pequena. Aqueça levemente a geleia de damasco e pincele-a suavemente nos bolinhos.

2 Em uma superfície lisa polvilhada com açúcar impalpável, abra a pasta americana de chocolate entre as réguas espaçadoras, em um tamanho grande o suficiente para cobrir o topo e as laterais dos bolinhos. Cubra o topo dos bolinhos e pressione as laterais para firmar a pasta americana. Retire o excesso da pasta com a faca pequena.

PARA OS BOLINHOS DE CORAÇÃO COM LETRAS PERSONALIZADAS

3 Enrole a pasta americana de chocolate para atingir um formato cilíndrico fino e de comprimento suficiente para forrar a circunferência da base do coração. Pincele a base de cada bolinho com um pouco de cola comestível ou com bebida alcoólica incolor e forre com a pasta cilíndrica ao redor.

4 Suavemente, pressione a ponta da ferramenta frisada ao redor da base, formando uma borda com desenhos padronizados e contínuos.

5 Misture um pouco do glacê real com o corante rosa e um pouco de água para adquirir consistência de picos macios (veja página 137) e coloque em um saco de confeitar. Confeite o topo de cada bolinho com letras customizadas.

PARA OS BOLINHOS DE CORAÇÃO COM PONTINHOS

6 Misture a massa elástica com um pouco de corante rosa e abra-a, com o rolo, sobre a placa de plástico antiaderente polvilhada com açúcar impalpável, de tamanho suficiente para cobrir parte da base de cada bolinho. Passe o rolo texturizador sobre a massa aberta e corte-a em tiras compridas de 1cm de largura.

7 Pincele a tira rosa com um pouco da cola comestível e fixe-a ao redor de cada bolinho.

8 Confeite pequenos pontinhos rosa de glacê sobre o topo de cada bolinho de coração. Deixe secar.

PARA OS BOLINHOS DE CORAÇÃO COM CORAÇÕEZINHOS

9 Abra a pasta americana rosa sobre a placa de plástico antiaderente polvilhada com açúcar impalpável, até ficar bem fina. Com o cortador de coração, corte pequenos corações da pasta e pincele-os com um pouco do corante em pó perolado rosa.

10 Pincele o verso de cada coração com um pouco de cola comestível, e, de maneira desorganizada, fixe-os sobre os bolinhos. Deixe secar.

Cupcakes Rococó

Muitas das minhas criações são inspiradas em joias. A inspiração para estes cupackes vem de uma revista francesa para noivas: um lindo brinco com laços e flores de cor lilás. Eu adoro a combinação do lilás com verde e dourado.

PARA 12 CUPCAKES
150g de massa elástica
corante alimentício roxo e verde
açúcar impalpável ou amido de milho, para polvilhar
pequena quantidade de glacê real
12 cupcakes (no sabor de sua preferência), feitos com meia receita do Bolo Victoria, assados em forminhas de papel douradas, umedecidos com calda e glaceados com fondant verde, seguindo as instruções das páginas 133-5
pérolas brilhantes, feitas de açúcar, na cor prata ou rosa

EQUIPAMENTO
TIGELAS PEQUENAS
PLACA DE PLÁSTICO ANTIADERENTE
ROLO DE MASSA PEQUENO
PAPEL-FILME
CORTADOR EM FORMATO DE FLOR
ESPUMA DE BOLEAR FLORES
ESTECA DE PLÁSTICO COM PONTA ARREDONDADA
TEXTURIZADOR DE FLORES
PALETA DE PINTOR PARA MISTURAR CORES (GODÊ)
CORTADOR PEQUENO EM FORMATO DE FLOR
SACO DE CONFEITAR (VEJA PÁGINA 137)
TESOURA

▸**1** Misture a massa elástica com o corante roxo para atingir uma leve coloração lilás.
▸**2** Sobre a placa de plástico antiaderente polvilhada com açúcar impalpável ou com amido de milho, abra a massa elástica lilás até ficar bem fina. Cubra o restante da pasta com o papel-filme para prevenir que se resseque.
▸**3** Com o cortador maior em formato de flor, corte 12 flores, disponha-as sobre a espuma de bolear flores e alise as bordas com a esteca de plástico com ponta arredondada. Pressione, delicadamente, cada flor sobre o texturizador de flores, disponha-as dentro de cada forminha da paleta de pintor e deixe secar em forma curvada.

56
MINIBOLOS

4 Abra o restante da massa elástica e, com o cortador pequeno de flor, corte cerca de 120 flores. Curve-as delicadamente entre as pontas dos dedos e deixe secar (você precisará de cerca de 10 flores por cupcake).

5 Misture uma pequena quantidade do glacê real com o corante alimentício roxo para atingir uma coloração levemente lilás e preencha um saco de confeitar. Recorte um pedaço pequeno da ponta e confeite as rendas e as curvas ao redor de cada cupcake. Primeiro, divida a circunferência do cupcake em 10 partes iguais e marque-as com pequenos pontos ao redor das bordas. Confeite cada renda e cada curva de ponto a ponto, deixando a linha cair levemente. Deixe a primeira camada de curvas secar.

6 Depois de completamente secas, confeite a próxima camada de renda e curvas, um pouco abaixo da camada anterior. Desse jeito, você poderá criar diferentes decorações e opções de linhas.

7 Junte as pérolas de açúcar no centro de cada flor. Usando um pouco do glacê, fixe uma flor grande no centro de cada cupcake e flores menores ao redor.

8 Misture uma pequena quantidade de glacê com o corante verde e preencha um saco de confeitar.

9 Recorte um pequeno pedaço da ponta em V e confeite pequenas folhas ao redor das flores (tenha cuidado ao levantar os cupcakes, pois as linhas confeitadas ao redor são bem frágeis).

Bouquets de Flores

Ideal para pequenos bolos de casamento ou de noivado. Você pode recriar as flores do bouquet da noiva: o efeito está garantido! Uma vez que é necessário muito tempo para confeccionar esta criação, eu recomendo usá-la em casamentos ou eventos pequenos.

PARA 16 BOLINHOS

250g de massa elástica

pequena quantidade de gordura vegetal

açúcar impalpável ou amido de milho, para polvilhar

1 kg de pasta americana branca

corante alimentício verde

16 bolinhos redondos, feitos com uma receita do Bolo Victoria de 25cm, no sabor e com a calda de sua preferência, coberto com marzipã e uma fina camada de pasta americana branca (veja páginas 122-31)

cola comestível (acrescente 1 colher de chá de CMC a 200ml de água e deixe descansar por 24h)

pequena quantidade de glacê real (veja página 136)

EQUIPAMENTO

PLACA PEQUENA DE PLÁSTICO ANTIADERENTE

ROLO DE MASSA PEQUENO

CORTADORES PEQUENOS EM FORMATO DE FLOR

PAPEL-FILME

SAQUINHO HERMETICAMENTE FECHADO

ESPUMA DE BOLEAR FLORES

ESTECA DE PLÁSTICO COM PONTA FINA E BOLEADOR

PÁS ALISADORAS

FACA PEQUENA

PINCEL DE ARTISTA PEQUENO

SACO DE CONFEITAR (VEJA PÁGINA 137)

TESOURA

PARA FAZER AS FLORES (VOCÊ PRECISARÁ DE CERCA DE 30 POR BOLO)

1 Amasse a massa elástica com um pouco da gordura vegetal, até atingir ponto macio e maleável.

2 Sobre a placa de plástico antiaderente polvilhada com açúcar impalpável ou com amido de milho, abra um pequeno pedaço da massa elástica até ficar bem fina. Corte as flores com o cortador em formato de flor (veja 1, página 63). Mantenha a massa restante coberta com papel-filme para prevenir que se resseque.

3 Mantenha as flores ainda não usadas armazenadas dentro do saquinho. Disponha algumas sobre a espuma de bolear flores e pressione a esteca do meio da pétala ao centro da flor (veja 2, página 63). Assim, as pétalas permanecerão levemente curvadas. Deixe secar.

4 Confeite pequenos pontinhos com o glacê real no centro de cada flor (veja 3, página 63). Deixe secar.

PARA FAZER O CAULE DAS FLORES

5 Divida a pasta americana em 4 partes iguais e misture diferentes quantidades do corante verde em 3 partes, da pasta para adquirir 3 tonalidades diferentes. Deixe a parte restante branca.

6 Para fazer os caules, role um pedaço de cada tonalidade para formar um fina esteca, com a ajuda da pá alisadora de bolos. Corte em pedaços longos o suficiente para cobrir as laterais dos bolinhos (veja 4).

7 Pincele as laterais de cada bolinho com a cola comestível e fixe os caules ao redor, alternando as diferentes tonalidades de verde (veja 5). Achate-os levemente nas laterais do bolo com a ajuda da pá alisadora (veja 6). Retire o excesso do topo dos bolinhos com uma faca pequena (veja 7).

PARA FINALIZAR O TOPO DOS BOLOS COM AS FLORES

8 Pegue um pouco da pasta americana, enrole para formar uma bola e pressione-a levemente para ficar em formato de cúpula. Deve ser largo o suficiente para cobrir o topo dos bolinhos. Encaixe no topo do bolo usando um pouco do glacê real para fixá-la (veja 8). Faça o mesmo para cada bolinho.

9 Com a ajuda do glacê real, fixe uma camada de flores em cada cúpula (veja 9). Fixe a segunda camada de flores entre os buracos da primeira camada. Deixe secar.

Caixinhas de Açúcar Estilo Tiffany

Nenhuma caixa de presente é tão reconhecida quanto a da Tiffany. Símbolo eterno de elegância e romantismo, e objeto de desejo, estas caxinhas são bastante usadas para oferecer um presente valioso. Você pode, claro, preferir comprar a original, ou pode confeccionar essas lindas caixinhas de açúcar e recheá-las de *dragées* ou de qualquer outra doçura. Se conservadas em local seco, podem ser guardadas durante meses.

PARA 10 CAIXINHAS DE AÇÚCAR

600g de pasta americana branca

2 colheres de chá de CMC (carboximetilcelulose)

corante alimentício verde-abacate e azul-bebê

açúcar impalpável ou amido de milho, para polvilhar

cola comestível (acrescente 1 colher de chá de CMC a 200ml de água e deixe descansar por 24h)

pó perolado branco ou corante em pó perolado branco

pequena quantidade de glacê real (veja página 136)

EQUIPAMENTO

PLACA PEQUENA DE PLÁSTICO ANTIADERENTE

PAPEL-FILME

ROLO DE MASSA PEQUENO

FACA PEQUENA

2 CUBOS DE ISOPOR, UM DE 5CM E O OUTRO APENAS UM POUCO MAIOR

PINCEL PEQUENO

PAPEL-TOALHA

SACO DE CONFEITAR (VEJA PÁGINA 137)

TESOURA

1 Misture a pasta americana com um pouco do CMC e amasse-a até atingir ponto macio e maleável. Misture, em metade da pasta americana, um pouco do corante verde e um pouco do azul para adquirir uma tonalidade verde-água, como a ilustração. Cubra essa pasta e o outro pedaço, separadamente, com o papel-filme e deixe descansar por 30 minutos, até a pasta americana ficar flexível e elástica.

2 Sobre a placa de plástico antiaderente polvilhada com açúcar impalpável ou com amido de milho, abra a pasta americana verde até atingir espessura de 3mm. Vire ao contrário e corte um quadrado largo com tamanho suficiente para a base do cubo de isopor menor. Marque um quadrado no centro da pasta americana quadrada, para a base do isopor, e corte a pasta no sentido de cada ângulo do cubo, como está demonstrado na página 66.

3 Retire a pasta da placa, polvilhe o cubo com bastante açúcar impalpável ou com amido de milho e coloque a pasta sobre o topo do cubo para que as "4 paredes" caiam sobre as laterais. Delicadamente, pincele os encontros com cola comestível e fixe-os. Deixe secar nessa posição por algumas horas.

▶ **4** Depois de quase seco, retire cuidadosamente a pasta do cubo para que a pasta americana possa secar por dentro. Faça mais 9 no mesmo processo.
▶ **5** Repita o procedimento usando o cubo de isopor maior como guia, mas deixe cair apenas um terço da pasta americana sobre as laterais do cubo, para poder fazer a tampa.
▶ **6** Enquanto as tampas e as bases estiverem secando, prepare os laços brancos de açúcar. Sobre a placa de plástico antiaderente polvilhada com açúcar impalpável ou com amido de milho, abra a pasta americana branca até ficar bem fina e corte-a em tiras de 15mm de largura. Você precisará de uma tira de 8cm e uma de 3cm de comprimento. Pincele-as com o corante em pó perolado branco em apenas um lado.
▶ **7** Dobre as duas pontas da tira longa, de forma que a parte brilhosa fique virada para baixo, e cole-as no meio da tira, colocando o papel-toalha através do laço para dar suporte. Com a tira menor, arremate o centro do laço onde as duas pontas se encontram e cole com a cola comestível. Deixe secar.
▶ **8** Depois que as tampas e as bases estiverem secas, coloque uma tira da pasta americana sobre as laterais das caixinhas para se formarem as fitas. Tenha certeza de que as fitas das tampas se encontram com as fitas das laterais das bases.
▶ **9** Corte 2 tiras para formar o final do laço e fixe-as no topo da tampa de cada caixinha. Em seguida, fixe os laços em cada uma. Deixe secar.

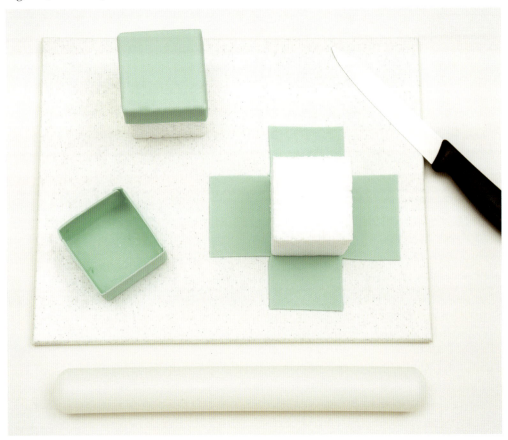

Cupcakes Primavera

As flores delicadas de cor pastel deixam estes deliciosos cupcakes de chocolate com um ar fresco e romântico. Particularmente bonitos quando servidos em cima de uma bandeja vintage, estes cupcakes são ideais para casamentos diurnos.

PARA 12 CUPCAKES

150g de massa elástica
pequena quantidade de gordura vegetal
corante alimentício violeta, rosa, verde e amarelo
açúcar impalpável ou amido de milho, para polvilhar
pequena quantidade de glacê real (veja página 136)
corante em pó amarelo
12 cupcakes, feitos com meia receita do Bolo de Chocolate Intenso (veja página 124), assados em forminhas de papel prata (veja páginas 133-4) e glaceados com 250g de ganache de chocolate (veja página 126)

EQUIPAMENTO

PAPEL-FILME
PLACA DE PLÁSTICO ANTIADERENTE COM FUROS
ROLO DE MASSA PEQUENO
3 TIPOS DIFERENTES DE CORTADORES EM FORMATO DE FLOR
ESTECA DE PLÁSTICO COM PONTA ARREDONDADA
TEXTURIZADOR DE FLORES
ESTECA DE PLÁSTICO COM PONTA FINA
TIGELAS PEQUENAS
ESPÁTULA
SACOS DE CONFEITAR (VEJA PÁGINA 137)
BICO DE CONFEITAR PEQUENO COM PONTA SERRILHADA
PALITO
ESTECA COM PONTA CONE, LISA E SERRILHADA
PINCEL FINO DE ARTISTA
ESPUMA DE BOLEAR FLORES

1 Amasse a massa elástica com uma pequena quantidade de gordura vegetal até adquirir consistência macia e maleável. Divida em 3 partes iguais e misture uma parte com o corante violeta e a outra com o corante rosa para atingir coloração rosa-claro. Mantenha as 3 partes cobertas com papel-filme e reservadas para mais tarde.

PARA AS FLORES ROSA-CLARO

2 Na parte com o furo maior da placa de plástico antiaderente polvilhada com açúcar impalpável, abra uma pequena quantidade da massa elástica rosa até ficar

bem fina. Vire-a ao contrário e corte-a com a parte mais elevada no centro do cortador. Transfira a flor cortada para a espuma de bolear flores, encaixando a elevação central da flor no furo mais largo da espuma.

▸ 3 Delicadamente, arraste a ponta da esteca com ponta arredondada nas bordas das pétalas, para curvá-las. E, em seguida, encaixe levemente a esteca no centro da flor e curve as pétalas com a ajuda das pontas dos dedos. Faça o mesmo procedimento para totalizar 12 flores e deixe secar, mantendo o restante da massa elástica coberta com papel-filme.

▸ 4 Depois de secas, misture uma pequena quantidade de glacê real com um pouco do corante verde e preencha o saco de confeitar com o bico de confeitar pequeno, com ponta serrilhada. Confeite uma pequena estrela no centro de cada flor.

5 Misture uma pequena quantidade de glacê real com um pouco do corante amarelo, preencha um saco de confeitar e confeite alguns pontinhos no centro de cada flor.

PARA AS FLORES BRANCAS

6 Na parte com o furo de tamanho médio da placa de plástico antiaderente polvilhada com açúcar impalpável, abra uma pequena quantidade da massa elástica branca, até ficar bem fina. Vire-a ao contrário e corte-a com a parte mais elevada no centro do cortador. Transfira a flor cortada para a espuma de bolear flores, encaixando a elevação central da flor no furo de tamanho médio da espuma.

7 Arraste a ponta do palito sobre cada pétala para esticá-la. Pegue a flor com os dedos e, delicadamente, pressione a ponta serrilhada da esteca com ponta cone contra o centro da flor. Repita o procedimento para totalizar 24 flores e deixe secar.

8 Depois de secas, pincele suavemente um pouco do corante amarelo em pó com o pincel fino de artista.

9 Depois de secas, misture uma pequena quantidade de glacê real com um pouco do corante verde, preencha um saco de confeitar e confeite o centro de cada flor.

PARA AS VIOLETAS

10 Na parte com o furo de menor tamanho da placa de plástico antiaderente polvilhada com açúcar impalpável, abra uma pequena quantidade da pasta americana branca, até ficar bem fina. Vire-a ao contrário e corte-a com a parte mais elevada no centro do cortador.

11 Transfira a flor cortada para a espuma de bolear flores, com a elevação voltada para cima. Delicadamente, arraste a esteca de plástico com ponta arredondada da ponta de cada pétala para o centro. Isto fará com que as pétalas fiquem curvadas.

12 Pegue a flor com os dedos e, delicadamente, pressione a parte lisa da esteca com ponta cone no centro da flor. Repita o procedimento para totalizar 36 violetas. Deixe secar.

PARA FINALIZAR

13 Misture uma pequena quantidade de glacê real com um pouco do corante amarelo, preencha um saco de confeitar e confeite o centro de cada flor.

14 Depois que todas as flores estiverem secas, arrume-as em cima dos cupcakes.

Bolos

BOLO ROMÂNTICO 74 • BOLO ACHOCOLATADO DE BORBOLETAS 78

BOLO DE MARGARIDAS 82 • CAMA DE ROSAS 86 • MINHA QUERIDA DAMA 92

BOLO NAPOLITANO 96 • FLORAÇÃO DE PRIMAVERA 100

HOMENAGEM A CATH KIDSTON 104 • ALGUMA COISA AZUL, ALGUMA COISA EMPRESTADA... 108

BOLO ROMÂNTICO DE ROSAS 110

Bolo Romântico

Romântico e deliciosamente doce com seus pequenos botões de rosas e desenhos de corações, este bolo não poderia ser mais feminino.
Por isso, é perfeito para chá de cozinha.

PARA APROXIMADAMENTE 70 PORÇÕES

3 andares de bolo: o primeiro com 20cm de largura, o segundo com 15cm e o terceiro com 10cm, feitos com 3 ½ receitas do Bolo Victoria (no sabor da sua preferência), cobertos com marzipã e, depois, com pasta americana (de cor rosa-pastel para o andar de baixo e o de cima, e rosa-escuro para o andar do meio), cada andar montado em cima de um suporte espesso, de tamanho apropriado (veja páginas 129-31)

100g de glacê com consistência de picos macios (veja páginas 136-7)

corante alimentício rosa e verde

500g de pasta americana branca

açúcar impalpável, para polvilhar

cola comestível (acrescente 1 colher de chá de CMC a 200ml de água e deixe descansar por 24h) ou bebida alcoólica incolor (vodca)

EQUIPAMENTO

PLACA DE PLÁSTICO ANTIADERENTE

SUPORTE DE BOLO

ROLO DE MASSA PEQUENO

FACA PEQUENA

SACOS DE CONFEITAR (VEJA PÁGINA 137)

ESPÁTULA PEQUENA

TIGELA PEQUENA

TESOURA

CORTADOR EM FORMATO DE CORAÇÃO DE 5CM DE DIÂMETRO

PINCEL PEQUENO

8 ESTACAS

FERRAMENTA SCRIBBLER

PAPEL-MANTEIGA

1,5 METRO DE FITA DE CETIM ROSA, COM 10MM -DE LARGURA

Confeccione e cubra os 3 andares do bolo, no mínimo 1 ou 2 dias antes de montá-lo, e amarre fitas de cetim nas bases do andar de baixo e no de cima, segurando-as com um pouco de glacê real.

1 Ajuste o medidor a aproximadamente 2,5cm de altura e, delicadamente, desloque-o em volta do andar do meio, como mostrado na próxima página (veja 1, página 77) para marcar o limite da borda de glacê.

2 Divida o glacê com consistência de picos macios em 3 partes e tinja uma parte de rosa-claro, a outra de rosa-escuro e a última, de verde. Recheie os sacos de confeitar com cada uma dessas cores. Coloque o andar do meio em cima do papel-manteiga e confeite

linhas de 2cm de comprimento em volta dele, alternando as cores (veja 2, página 77). Finalize cada linha com um ponto na base e outro no topo. Deixe secar. Guarde um pouco do glacê verde, coberto, para depois.

➤ **3** Amasse a pasta americana até adquirir uma consistência maleável e macia. Divida-a em duas partes e tinja cada uma com corante rosa, até atingir dois tons diferentes.

➤ **4** Em cima da placa de plástico antiaderente levemente polvilhada com açúcar impalpável, abra um pouco da pasta americana rosa em formato de uma banda fina. Corte as bordas e recorte a banda em pedaços de aproximadamente 1 x 4cm. Enrole cada banda para formar um botão de flor e deixe secar (veja 3-5). Serão necessários cerca de 250 botões de rosas escuros e 20 botões claros.

➤ **5** Abra o restante da pasta americana de rosa-claro com uma espessura de aproximadamente 2mm e corte-a com cortadores em formato de coração.

➤ **6** Desenhe, levemente, 8 linhas simétricas em volta do bolo. Pincele cada coração com um pouco de cola comestível ou bebida alcoólica incolor (veja 6) e cole-os no bolo, seguindo as linhas desenhadas.

➤ **7** Decore as bordas dos corações com uma linha de botões de rosa, usando um ponto de glacê real para grudá-los (veja 8).

➤ **8** Recheie um saco de confeitar com o restante do glacê verde. Corte o bico em formato de V e confeite pequenas folhas em volta dos botões de rosa (veja 9). Deixe secar.

➤ **9** Monte os andares com a ajuda de 4 estacas para o andar de baixo e o do meio, seguindo as instruções da página 132.

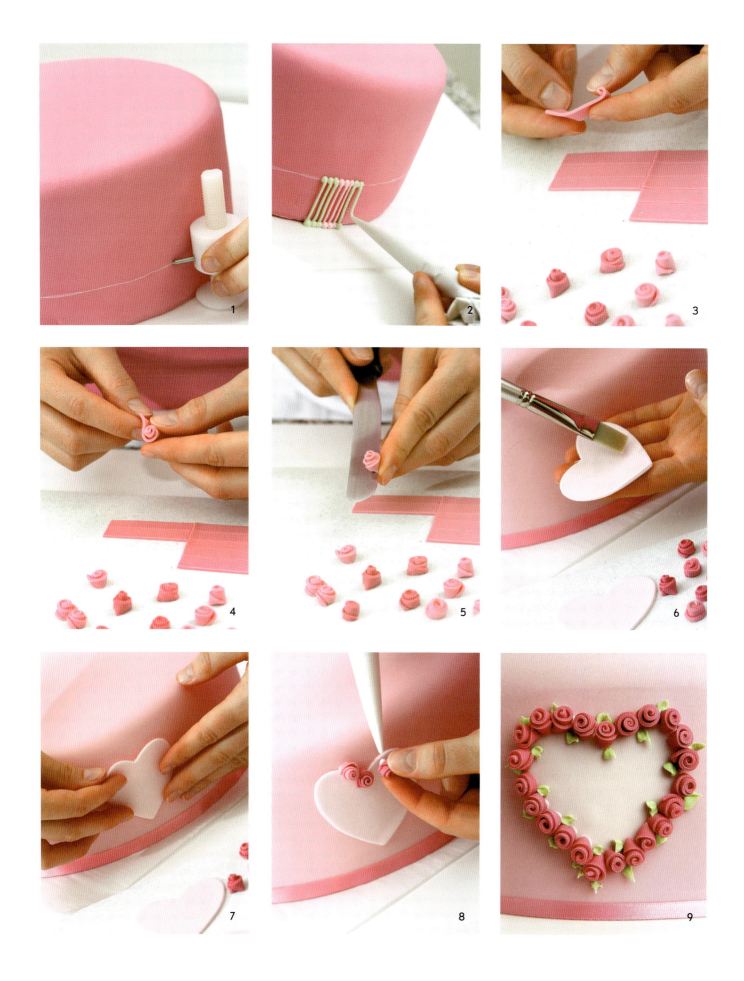

Bolo Achocolatado de Borboletas

Esta criação é uma opção simples e elegante para os casamentos menos tradicionais. O marrom do chocolate combina deliciosamente com cores pastel. As minhas cores preferidas são: rosa-antigo, verde-claro e cinza-acastanhado.

PARA 120 PORÇÕES

um pouco de gordura vegetal

cerca de 300g de glacê real (veja página 136)

corante alimentício marrom e azul

3 andares redondos de bolo: o primeiro com 25cm de largura, o segundo com 17,5cm e o terceiro com 10cm, feitos com 6 receitas do Bolo de Chocolate Intenso (veja página 124), recheados com ganache (veja página 126), cobertos com marzipã e, depois, com pasta americana de chocolate (veja páginas 129-30), montados em um suporte redondo de 35cm de largura coberto com pasta americana de chocolate (veja página 131)

EQUIPAMENTO

FOLHA DE PAPEL-CELOFANE

TIGELAS PEQUENAS

ESPÁTULA PEQUENA

SACOS DE CONFEITAR (VEJA PÁGINA 137)

TESOURA

UM PEDAÇO DE PAPELÃO FINO

PAPEL-MANTEIGA

CERCA DE 3 METROS DE FITA MARROM, COM 15MM DE LARGURA

TACHINHA DE METAL

Confeccione as borboletas com, no mínimo, 2 dias de antecedência.

▸ **1** Espalhe uma camada fina de gordura vegetal em cima do papel-celofane. Coloque o papel-celofane no molde de borboleta (veja o molde na página 146) e, usando o glacê de chocolate com consistência de picos macios (veja página 137), confeite as bordas das asas (veja 1). Deixe secar.

▸ **2** Depois de secas, preencha o centro das asas com glacê de consistência rala de cor azul (veja página 137 e imagens 2-3) e deixe secar, de um dia para outro.

3 Depois que o glacê azul estiver completamente seco, decore as asas com pontinhos em glacê de consistência rala, de cor marrom. Deixe secar.

4 Dobre o papelão em um formato de V, criando um suporte para juntar as asas, e forre-o com papel-manteiga.

5 Confeite uma linha curta de glacê com consistência de picos macios de cor marrom na dobra da cartolina. Retire as asas da borboleta do papel-celofane e coloque-as ao lado da linha de glacê (veja 1 e 2). Confeite o corpo da borboleta, colocando o glacê entre as asas de baixo para cima (veja 3). Deixe secar, de um dia para outro.

PARA DECORAR O BOLO
6 Corte a fita em 4 pedaços, grandes o suficiente para cobrir as bordas de cada andar e a do suporte. Amarre a fita do suporte com uma tachinha, e as fitas dos andares com pontinhos de glacê, com consistência de picos firmes de cor marrom (veja página 137).

7 Usando o glacê real com consistência de picos macios de cor azul, confeite pequenos pontos com uma distância regular em volta das bordas de todas as fitas.

8 Fixe as borboletas em cima do bolo, grudando-as com pontinhos de glacê com consistência de picos firmes, de cor marrom.

Bolo de Margaridas

Para criar esse efeito retrô, use a técnica de *Brush Embroidery*, com efeito de bordado, e pinte as margaridas com um glacê real de cor muito leve.

PARA 70 PORÇÕES

3 andares redondos de bolo: o primeiro com 20cm de largura, o segundo com 15cm e o terceiro com 10cm, feitos com 3 ½ receitas do bolo no sabor de sua preferência (veja páginas 122-5), cobertos com marzipã (veja páginas 129-30)

2kg de pasta americana industrializada de cor marfim

100g de massa elástica

um pouco de gordura vegetal

amido de milho para polvilhar

cerca de 300g de glacê real com consistência de picos macios (veja páginas 136-7)

corante alimentício amarelo e verde

EQUIPAMENTO

ROLO DE MASSA GRANDE E PEQUENO

PÁS ALISADORAS

CORTADORES DE MARGARIDA

PLACA DE PLÁSTICO ANTIADERENTE

ESPUMA DE BOLEAR FLORES

SAQUINHO HERMETICAMENTE FECHADO

PALITO

PALETA DE PINTOR PARA MISTURAR CORES (GODÊ)

TIGELAS PEQUENAS

ESPÁTULA

SACOS DE CONFEITAR (VEJA PÁGINA 137)

TESOURA

PINCEL FINO

8 ESTACAS

RÉGUAS ESPAÇADORAS DE 5MM PARA MARZIPÃ

Prepare e cubra os bolos com 1 a 2 dias de antecedência.

PREPARANDO O BOLO

1 Cubra cada andar do bolo com a pasta americana, seguindo as instruções das páginas 129-30.

2 Quando a pasta americana estiver ainda maleável, pressione os cortadores de margarida nela (veja 1 da página seguinte). Deixe secar a pasta americana, de um dia para outro.

FAZENDO AS MARGARIDAS

3 Enquanto a pasta americana estiver secando, confeccione as margaridas. Miture a massa elástica com um pouco de gordura vegetal e amasse, até a mistura ficar maleável e macia.

4 Em cima da placa de plástico antiaderente polvilhada com amido de milho, abra a pasta até ficar com uma espessura muito fina. Usando os cortadores de margaridas, corte 5 margaridas e coloque-as, uma de cada vez, em cima da espuma de bolear flores. Mantenha o restante das flores dentro de um saco hermeticamente fechado.

5 Passe, delicadamente, o palito em cima das pétalas da margarida para abri-las. Depois, deite a flor em cima da paleta de pintor e pressione, levemente, o centro da flor, com o auxílio de um rolo de massa pequeno (veja 2). Deixe secar. Repita a operação para as outras flores.

6 Depois de secas, tinja um pouco do glacê real com consistência de picos macios com corante amarelo e confeite pequenos pontos dentro do centro de cada flor. Reserve o restante do glacê real amarelo para depois.

PINTANDO AS FLORES

7 Divida o restante do glacê real em dois e tinja uma das metades de verde-claro. Comece com as folhas. Confeite as bordas, usando glacê com consistência de picos macios branco, e um verde bem claro para o centro das folhas. Use um pincel de artista molhado com água para criar as veias das folhas: pincele das bordas para o centro da folha (veja 3). Repita a operação para as outras folhas, limpando o seu pincel entre cada uma.

8 Quando as folhas estiverem prontas, confeite as bordas das margaridas com glacê branco e pincele as flores do mesmo modo que pincelou as folhas. Para confeccionar o centro das flores, confeite pequenos pontos de glacê amarelo no centro de cada margarida.

9 Depois que o glacê estiver seco, monte os andares com a ajuda das estacas entre os andares, seguindo as instruções das páginas 132-3.

10 Use o restante do glacê branco para confeitar bolinhas, com um espaço de 1cm entre elas, nas bases de cada andar.

11 Coloque as margaridas em cima do bolo, grudando-as com pontinhos de glacê.

Cama de Rosas

Quando fui convidada para confeccionar uma versão de quase 1 metro quadrado deste bolo, foi um grande desafio: tive que fazer mais de 1500 rosas para cobrir essa área. Depois de dias fazendo rosas, pude finalmente entregar o bolo, exausta e com as mãos cheias de glitter. Mas fiquei muito orgulhosa: o bolo Cama de Rosas teve um impacto muito grande e ninguém o contemplava sem ficar espantado. Desde esse dia, esta criação é a mais pedida e merece um destaque como o bolo mais romântico que já criei.

PARA APROXIMADAMENTE
40 - 60 PORÇÕES

900g de pasta americana vermelha

um pouco de glacê real (veja página 136)

cerca de 2kg de marzipã

açúcar impalpável, para polvilhar

glitter comestível vermelho

um bolo quadrado de 20cm de largura, preparado com a receita do Bolo Victoria, no sabor de sua preferência (veja páginas 122-3), coberto por marzipã vermelho (veja páginas 129-30)

EQUIPAMENTO

SUPORTE QUADRADO DE BOLO DE 25CM DE LARGURA

CERCA DE 1,2 METRO DE FITA ROSA-CHOQUE, COM 15MM DE LARGURA

TACHINHA DE METAL

ESPÁTULA PEQUENA

SACO DE CONFEITAR (VEJA PÁGINA 137)

TESOURA

PAPEL-FILME

2 FOLHAS DE PAPEL-CELOFANE

Prepare o suporte do bolo com 2 a 3 dias de antecedência e confeccione as rosas com, no mínimo, 1 dia de antecedência.

1 Cubra o suporte de bolo com a pasta americana vermelha e decore as bordas com a fita de cetim rosa, seguindo as instruções das páginas 129-31.

2 Espalhe uma camada fina de glacê real no meio do suporte e disponha o bolo em cima. Deixe secar.

3 Tinja o marzipã com o corante vermelho até atingir um tom intenso. Embrulhe-o em papel-celofane para não se ressecar.

Para confeccionar os botões de rosa: você vai precisar de botões para fazer os corações das rosas maiores (o número de rosas necessário para cobrir o bolo depende do tamanho das rosas; na foto ao lado, foram necessários cerca de 80 botões de rosas e 20 rosas grandes e abertas).

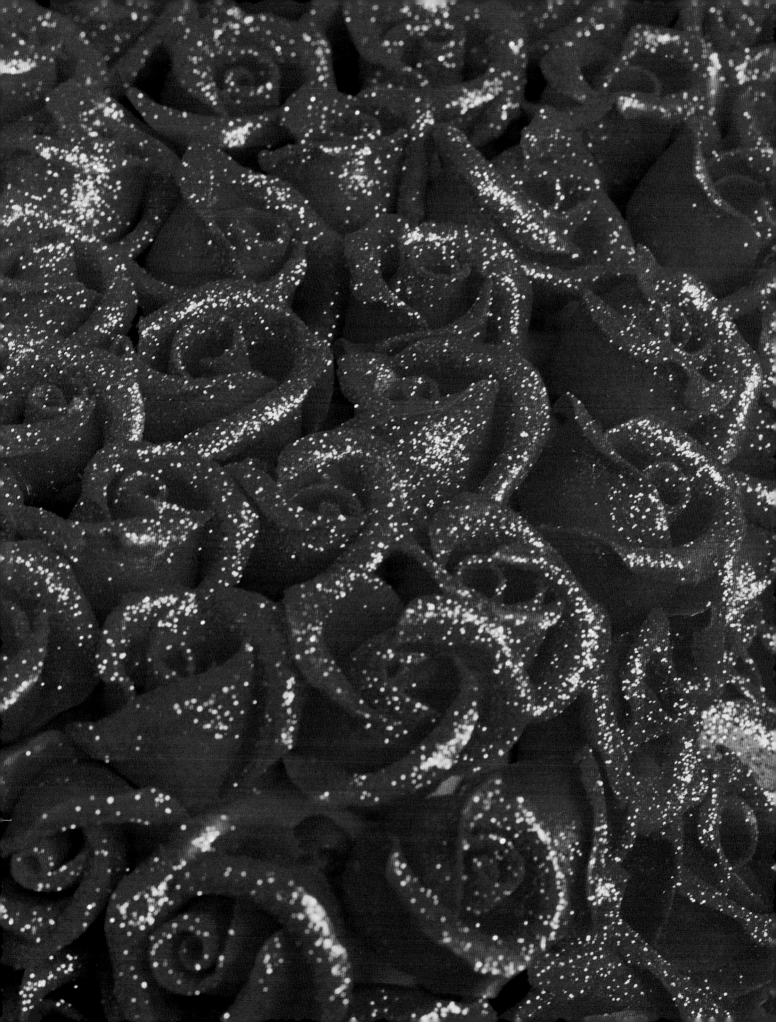

4 Para cada botão, serão necessárias 3 bolinhas de marzipã: 2 do tamanho de uma avelã e 1 com o dobro do tamanho.

5 Coloque essas bolinhas entre 2 folhas de papel-celofane (veja 1) e, começando com a bola maior, amasse-a para que fique mais comprida e, depois, amasse um dos lados até que o mesmo fique bem fino (veja 2). Polvilhe um pouco de açúcar impalpável para que o marzipã não grude.

6 Para confeccionar a pétala menor, amasse a bolinha do centro até as bordas, até formar uma pétala redonda com um lado espesso e um outro lado fino. Repita a operação com a bolinha restante.

7 Enrole a pétala grande em um formato de espiral, com a parte mais espessa para baixo. (veja 3). Essa pétala será o coração da sua flor.

8 Grude uma das pétalas menores em volta do coração da rosa, com a parte mais espessa para baixo (veja 4).

9 Coloque a terceira pétala em volta da sua rosa, encaixando-a levemente dentro da segunda pétala (veja 5).

10 Usando os seus dedos, abra as pétalas, puxando-as delicadamente para o exterior (veja 6).

PARA FAZER ROSAS ABERTAS

11 Para confeccionar uma rosa grande, adicione 3 pétalas do mesmo tamanho em volta do botão de rosa. As pétalas devem se sobrepor levemente.

12 Abra as pétalas, novamente, com a ajuda dos seus dedos, puxando-as delicadamente para o exterior.

13 Continue, adicionando 5 pétalas do mesmo tamanho em volta do botão da rosa, cada uma se sobrepondo levemente à outra.

14 Usando os seus dedos, abra as pétalas, puxando-as delicadamente para o exterior.

15 Retire o excedente de marzipã da base da rosa (veja 8).

PARA FINALIZAR A DECORAÇÃO

16 Enquanto as rosas estiverem ainda úmidas, mergulhe os seus topos no glitter brilhante comestível (veja 9) e deixe-as secar, de um dia para outro.

17 Quando estiverem secas, disponha as rosas em cima do bolo, usando um pouco de glacê vermelho: disponha primeiro as rosas abertas nas extremidades e finalize, cobrindo o restante do bolo com os botões de rosa.

Minha Querida Dama*

Como o nome sugere, a inspiração para este bolo vem da famosa cena de corrida de cavalos, desenhada por Cecil Beaton para o musical *Minha Querida Dama*. Preto e branco está bastante na moda nos casamentos urbanos.

PARA 70 PORÇÕES

500g de massa elástica
um pouco de gordura vegetal branca
amido de milho para polvilhar
cola comestível (acrescente 1 colher de chá de CMC a 200ml de água e deixe descansar por 24h)
um pouco de glacê real (veja página 136)
corante alimentício preto
açúcar impalpável, para polvilhar
3 andares redondos de bolo: o primeiro com 20cm de largura, o segundo com 15cm e o terceiro com 10cm, feitos com 3 ½ receitas do bolo, no sabor de sua preferência (veja páginas 122-3), cobertos com marzipã e, depois, com pasta americana branca
1kg de pasta americana branca

EQUIPAMENTO

PLACA DE PLÁSTICO ANTIADERENTE
ROLO DE MASSA PEQUENO
PAPEL-FILME
CORTADOR GRANDE E MÉDIO EM FORMATO DE PÉTALA
SAQUINHO HERMETICAMENTE FECHADO
ESTECA DE PLÁSTICO COM PONTA ARREDONDADA
ESTECA DE PLÁSTICO COM PONTA PONTIAGUDA
PALETA DE PINTOR PEQUENA PARA MISTURAR CORES (GODÊ)
ESPÁTULA PEQUENA
SACOS DE CONFEITAR (VEJA PÁGINA 137)
FACA
RÉGUA
PINCEL PEQUENO
8 ESTACAS
TESOURA GRANDE

Confeccione as flores com, no mínimo, 1 dia de antecedência. Cerca de 28 flores serão necessárias para esse bolo.

1 Amasse a massa elástica branca junto com a gordura vegetal branca, até adquirir uma consistência maleável e macia.

2 Em cima da placa de plástico, levemente polvilhada com amido de milho, abra uma pequena quantidade de massa elástica branca com espessura bem fina e guarde o restante embrulhado no papel-celofane para que não se resseque. Recorte uma forma de flor grande, usando o cortador, e disponha essa primeira forma em cima da espuma.

---

* Se refere ao musical *My Fair Lady*, com Audrey Hepburn, produzido em 1964.

▶ **3** Com o auxílio da esteca de plástico, amasse as bordas para que fiquem bem finas e levemente arredondadas. Passe a esteca de plástico para frisar em cima de cada pétala.

▶ **4** Coloque a flor dentro de um dos buracos da paleta de pintor, polvilhada com amido de milho. Com a ajuda do rolo de massa pequeno, pressione o centro da flor e deixe secar. Repita a operação para todas as outras flores.

▶ **5** Depois que essas flores estiverem secas, repita os passos 2 a 4, usando os cortadores de tamanho menor. Disponha essas flores de tamanho médio em cima das grandes. Use a cola comestível para juntar as duas pétalas. Deixe secar.

▶ **6** Depois de secas, confeite pequenas bolas de glacê real preto no centro das flores.

COBRINDO AS BORDAS DO BOLO COM LISTRAS

▶ **7** Amasse a pasta americana até atingir uma consistência maleável e macia. Divida a massa em dois e tinja uma das partes de preto. Embrulhe-a em papel-celofane e deixe descansar por cerca de 1 hora.

▶ **8** Em cima de uma surperfície levemente polvilhada com amido de milho, abra dois pedaços de pasta americana, cada um de uma cor, com tamanhos iguais e deixe-os com cerca de 3mm de espessura. Corte as bordas e recorte bandas com cerca de 4 x 10cm.

▶ **9** Com o auxílio da cola comestível, disponha as bandas nas laterais de cada andar, alternando as cores (veja 1). Retire o excesso de pasta do topo de cada banda, usando uma faca (veja 2), e alise-as com a pá alisadora (veja 3). Deixe secar.

▶ **10** Depois que os andares estiverem secos, monte-os, seguindo as instruções da página 132.

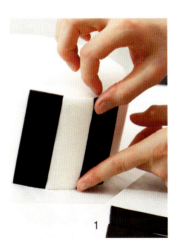
1

2

3

Bolo Napolitano

Use esta criação muito contemporânea e estilosa para personalizar um bolo de casamento, desenhando as inicias dos noivos. O marrom do chocolate combina divinamente com qualquer cor pastel, como por exemplo rosa, azul, verde ou caramelo.

PARA APROXIMADAMENTE 225 PORÇÕES

cerca de 2kg de pasta americana de chocolate
açúcar impalpável, para polvilhar
2 andares redondos de bolo: um com 10cm de largura, um outro com 35cm, feitos com 9 receitas do bolo no sabor de sua preferência (veja páginas 122-3), cobertos com marzipã e, depois, com pasta americana rosa-pastel (veja páginas 129-30)
1 andar redondo de bolo de 17,5cm de largura, feito com 1 ½ receita do bolo no sabor da sua preferência (veja páginas 122-3), coberto com marzipã e, depois, com pasta americana colorida com cor marfim (veja páginas 129-30)
1 andar redondo de bolo de 25cm de largura, feito com 4 receitas do bolo saborizado à sua escolha (veja páginas 122-3), coberto com marzipã e, depois, com pasta americana marrom de chocolate (veja páginas 129-30)
cola comestível (acrescente 1 colher de chá de CMC a 200ml de água e deixe descansar) ou bebida alcoólica incolor (vodca)
cerca de 300g de glacê real (veja página 136)
corante alimentício marfim, rosa e chocolate
cerca de 150g de pasta americana rosa

EQUIPAMENTO

SUPORTE DE BOLO REDONDO E ESPESSO DE 45CM DE LARGURA
ESPÁTULA PEQUENA
PLACA PEQUENA DE PLÁSTICO ANTIADERENTE
ROLO DE MASSA PEQUENO
CORTADORES REDONDOS (3CM E 5CM DE DIÂMETRO)
TIGELAS PEQUENAS
SACOS DE CONFEITAR (VEJA PÁGINA 137)
TESOURA
PAPEL-FILME
PINCEL PEQUENO
SUPORTE GIRATÓRIO
14 ESTACAS
TESOURA GRANDE
2,5 METROS DE FITA DE CETIM MARROM-ESCURO, COM 7MM DE LARGURA
1,5 METRO DE FITA DE CETIM MARROM-ESCURO, COM 15MM DE LARGURA
60CM DE FITA DE CETIM MARFIM, COM 7MM DE LARGURA
TACHINHA DE METAL

Confeccione os andares do bolo e cubra-os com, no mínimo, 1 ou 2 dias de antecedência.

1 Cubra o suporte do bolo com cerca de 1,5kg de pasta americana de chocolate. Deixe secar, de um dia para outro.

2 Espalhe uma camada fina de glacê real no meio do suporte e disponha o primeiro andar em cima.

3 Em cima da placa levemente polvilhada com açúcar impalpável, abra o restante da pasta americana de chocolate, até atingir uma espessura fina, e recorte círculos, usando os cortadores de 3cm de largura. Com o auxílio da cola comestível ou da bebida alcoólica, disponha os círculos em cima do primeiro andar, com espaçamento igual entre eles.

4 Usando glacê real com consistência de picos macios de cor marfim (veja página 137), confeite uma primeira linha de pontinhos em volta dos círculos. Confeite uma segunda linha, com a metade de pontinhos.

5 Repita a operação com o terceiro andar de cor marfim (o de 17,5cm de largura), usando pasta americana rosa, cortadores de 5cm de largura e glacê marrom para os pontinhos. Deixe secar antes de confeitar os monogramas.

6 Para confeitar os monogramas, coloque o andar em cima do suporte giratório levemente afastado de você. Usando o glacê real com consistência de picos macios marrom, desenhe as letras no centro de cada círculo rosa.

7 Disponha o segundo andar (o de 25cm de largura) em cima do suporte giratório. Confeite pequenos pontos de glacê com uma distância de 5cm um do outro. Afaste um pouco o suporte giratório de você. Com a ajuda de um saco de confeitar recheado com glacê de cor rosa e de consistência de picos macios, confeite semicírculos de um ponto a outro, girando o suporte giratório quando necessário.

8 Confeite 3 laços em cima de cada ponto e finalize com pontinhos, seguindo o modelo da fotografia.

9 Repita os passos 7 e 8 para o quarto andar, usando glacê marrom para as decorações.

10 Use 6 estacas para o primeiro andar e 4 para o segundo e o terceiro, seguindo as instruções da página 132.

11 Com o auxílio de um pouco de glacê, disponha as fitas na base de cada andar do bolo. Para a fita do suporte, use a tachinha de metal.

Floração de Primavera

Por ser completamente coberto com flores, este bolo é ideal para quem é iniciante: as flores cobrirão as eventuais imperfeições do bolo! Você precisa ter boas habilidades para confeccionar flores de açúcar, mas pode também fazer flores com massa elástica para obter um resultado bem parecido.

PARA APROXIMADAMENTE 200 PORÇÕES

cerca de 1kg de glacê real (veja página 136)

corante alimentício de cor marfim

4 andares quadrados de bolo: o primeiro com 30cm de largura, o segundo com 25cm, o terceiro com 20cm e o último com 15cm, feitos com 13 ½ receitas do bolo no sabor de sua preferência (veja páginas 122-3), cobertos com marzipã e, depois, com pasta americana de cor marfim (veja páginas 129-30)

suporte de bolo redondo de 35cm de largura, coberto com pasta americana de cor marfim (veja página 131)

EQUIPAMENTO

PAPEL-MANTEIGA

SACOS DE CONFEITAR (VEJA PÁGINA 137)

TESOURA

SELEÇÃO DE BICOS DE CONFEITAR PRÓPRIOS PARA PÉTALAS (WILTON 102, 103, 104)

SUPORTE PARA FLORES

ESPÁTULA PEQUENA

TIGELA PEQUENA

14 ESTACAS

TESOURA GRANDE

SUPORTE DE BOLO REDONDO E ESPESSO DE 10CM, 15CM, 20CM E 25CM DE LARGURA

2,5 METROS DE FITA DE CETIM MARFIM, COM 15MM DE LARGURA

PAPEL-FILME OU PANO ÚMIDO

5 TACHINHAS DE METAL

Confeccione as flores com, no mínimo, 1 a 2 dias de antecedência. O número de flores vai depender de como você vai confeitá-las. Eu usei cerca de 300 flores em 3 tamanhos diferentes para esse bolo.

➧**1** Corte o papel-manteiga em quadrados um pouco maiores do que as flores que você vai confeitar.

➧**2** Disponha de um saco de confeitar e corte o bico suficientemente largo para poder colocar um bico de confeitar de metal (use o bico Wilton 104 ou outro bico para pétala de tamanho médio).

➧**3** Recheie o saco de confeitar com glacê real branco com consistência de picos firmes (veja páginas 136-7).

4 Confeite um pequeno ponto de glacê em cima do suporte para flores, cole um dos quadrados de papel-manteiga e segure o suporte pelo cabo com uma mão.

5 Segure o saco de confeitar com uma das mãos, a um ângulo de 45 graus em relação ao suporte: o lado mais largo do bico deve tocar o centro do suporte para flores, e o lado mais estreito deve estar levemente levantado.

6 Pressione o saco de confeitar para formar a primeira pétala, movendo o bico na direção da borda do suporte e, ao mesmo tempo, girando o suporte com a outra mão (o equivalente a um quinto de sua circunferência). Diminua a pressão no saco de confeitar à medida em que se aproxima do centro, e curve levemente o bico para dar um formato mais natural à pétala. Quando o lado mais largo tocar o centro do suporte, pare de pressionar o saco de confeitar e levante o bico.

7 Repita a operação 4 vezes para confeccionar todas as pétalas.

8 Retire, delicadamente, a flor do papel-manteiga e deixe-a secar.

9 Tinja um pouco de glacê com o corante marfim e faça 3 pontinhos no meio da flor.

10 Deixe as flores secarem em um local quente, de um dia para outro.

PARA DECORAR O BOLO

11 Quando todas as flores estiverem secas, disponha-as em volta de todos os andares, usando glacê real para grudá-las. Misture os diferentes tamanhos, usando as flores menores para preencher os espaços. Deixe secar.

12 Use 6 estacas para o primeiro andar e 4 para o segundo e o terceiro, seguindo as instruções da página 132.

13 Corte a fita em 5 pedaços, grandes o suficiente para cobrir o suporte e todas as placas de separação. Disponha as fitas e amarre-as usando tachinhas de metal para juntar as duas extremidades.

14 Monte os andares, colocando uma placa de separação entre cada um deles, começando com uma placa de separação entre o suporte do bolo e o primeiro andar. Espalhe um pouco de glacê real entre cada andar para estabilizar a construção.

Homenagem a Cath Kidston

Eu adoro o trabalho de Cath Kidston e este bolo de casamento foi inspirado em um dos seus papéis de parede. A mistura de padrão com formas de bolos funciona particularmente bem, desde que as cores e desenhos se repitam de um andar para o outro. Eu finalizei o bolo com uma coroa de flores vermelhas, com centro rosa intenso, que pode ser feita com antecedência.

PARA 320 PORÇÕES

cerca de 1,5kg de pasta americana rosa industrializada

cerca de 250g de massa elástica

corante alimentício vermelho, rosa e verde

corante alimentício em pó, de cor rubi

um pouco de gordura vegetal

cerca de 1kg de glacê real (veja página 136)

2 andares quadrados de bolo: o primeiro com 35cm de largura e o segundo com 25cm, feitos com 12 ½ receitas do bolo no sabor de sua preferência (veja páginas 122-3), cobertos com marzipã e, depois, com pasta americana de cor marfim para um, e de cor rosa para o outro (veja páginas 129-30)

2 andares redondos de bolo: o primeiro de 17,5cm com largura e o segundo com 10cm, feitos com 2 receitas do bolo no sabor de sua preferência (veja páginas 122-3), cobertos com marzipã e, depois, com pasta americana de cor marfim para um, e de cor rosa para o outro (veja páginas 129-30)

cola comestível (acrescente 1 colher de chá de CMC a 200ml de água e deixe descansar por 24h)

amido de milho para polvilhar

EQUIPAMENTO

2 SUPORTES DE BOLO QUADRADOS E ESPESSOS COM 45CM DE LARGURA, SOBREPOSTOS E FIXADOS COM UM POUCO DE GLACÊ REAL

PÁ ALISADORA

SELEÇÃO DE PINCEL FINO

ROLO DE MASSA

SELEÇÃO DE CORTADORES EM FORMATO DE PÉTALA DE ROSA

CORTADORES EM FORMATO DE FOLHA

TEXTURIZADOR DE PÉTALAS DE ROSA

CORTADORES EM FORMATO DE CÁLICE, GRANDE E PEQUENO

PLACA PEQUENA DE PLÁSTICO ANTIADERENTE

SAQUINHO HERMETICAMENTE FECHADO

ESPUMA DE BOLEAR FLORES

ROLO DE MASSA PEQUENO

ESTECA DE PLÁSTICO COM PONTA ARREDONDADA

SACOS DE CONFEITAR (VEJA PÁGINA 137)

2,5 METROS DE FITA DE CETIM MARFIM, COM 15MM DE LARGURA, PARA O PRIMEIRO, O TERCEIRO O QUARTO ANDARES

SUPORTE GIRATÓRIO

1,85 METRO DE FITA ROSA COM PONTINHOS BRANCOS, COM 25MM DE LARGURA PARA O SUPORTE DE BOLO

TACHINHA DE METAL

19 ESTACAS

Cubra o suporte de bolo e confeccione as rosas com, no mínimo, 2 dias de antecedência.

1 Cubra o suporte de bolo com pasta americana rosa, seguindo as instruções da página 131. Deixe secar.

2 Usando a massa elástica de cor rosa para o botão da rosa e vermelho intenso para as demais pétalas, confeccione cerca de 6 rosas abertas, 5 botões de rosa e algumas folhas verdes, seguindo as instruções das páginas 139-41. Pincele as rosas com o corante em pó rubi, seguindo as instruções da página 141.

Confeccione as bordas das rosas com 1 dia de antecedência.

3 Disponha uma folha de papel-celofane, levemente untada com gordura vegetal, em cima do molde da página 146. Desenhe a rosa, usando um saco de confeitar contendo glacê real vermelho, com consistência de picos macios, para as bordas das pétalas, e um com glacê real verde, com consistência de picos macios, para as folhas (veja 1). Repita essa operação 4 vezes (sendo 1 rosa para cada lado do bolo). Deixe secar.

4 Quando as bordas estiverem secas, confeite o centro das rosas com glacê rosa e vermelho e o centro das folhas com 2 tons de verde diferentes (veja 2 e 3). Deixe secar, de um dia para outro.

DECORAR OS ANDARES COR-DE-ROSA DO BOLO

5 Coloque uma fita em volta do quarto andar, grudando-a com a ajuda de um pouco de glacê, e confeite pontinhos de cor marfim em volta do andar (tente deixar um distanciamento igual entre os pontinhos).

6 Disponha o segundo andar em cima do suporte giratório, levemente afastado de você. Usando glacê real com consistência de picos

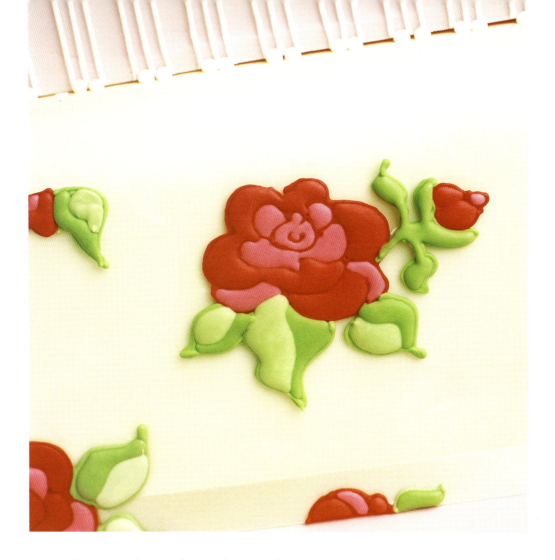

macios de cor marfim, confeite linhas com distância igual, do topo até a parte de baixo. Você pode usar um pequeno suporte de bolo quadrado como guia (veja foto ao lado). Deixe secar.

MONTAR E FINALIZAR

7 Coloque a fita em volta do suporte e amarre-a, usando a tachinha de metal para juntar as duas extremidades.

8 Espalhe uma camada fina de glacê em cima do suporte e, delicadamente, disponha o primeiro andar em cima. Corte um pedaço de fita marfim para colocar em volta do andar. Junte as duas extremidades da fita com um pouco de glacê. Decore esse andar com as rosas, grudando-as com um pouco de glacê.

9 Coloque um outro pedaço de fita marfim em volta do terceiro andare e decore o andar com os pequenos botões de rosa, fixando-os com glacê.

10 Para montar o bolo, use 9 estacas para o primeiro andar e 5 para o segundo e terceiro, seguindo as instruções da página 132.

11 Depois que o bolo estiver montado, disponha as rosas abertas, botões e folhas no topo, fixando-os com um pouco de glacê real com consistência de picos firmes.

Alguma Coisa Azul, Alguma Coisa Emprestada...*

Os acessórios são raramente associados aos bolos. Por que não usar broches para enfeitar esta receita?

PARA 250 PORÇÕES

um pouco de glacê real (veja página 136)
corante alimentício de cor marfim
4 andares redondos de bolo: o primeiro com 35cm de largura, o segundo com 27,5cm, o terceiro com 20cm e o último com 12,5cm, feitos com 16 receitas do bolo no sabor de sua preferência (veja páginas 122-3), cobertos com marzipã e, depois, com pasta americana de cor marfim (veja páginas 129-30), montados (veja página 132) em cima de um suporte duplo redondo de 35cm de diâmetro, coberto com pasta americana marfim (veja página 131) e finalizado com uma fita de cetim marfim de 60cm de comprimento
açúcar impalpável, para polvilhar
100g de massa elástica
corante em pó perolado
cola comestível (acrescente 1 colher de chá de CMC a 200ml de água e deixe descansar por 24h) ou bebida alcoólica incolor (vodca)

EQUIPAMENTO

12 ESTACAS
TIGELAS PEQUENAS
ESPÁTULA PEQUENA
SACO DE CONFEITAR (VEJA PÁGINA 137)
CERCA DE 3 METROS DE FITA DE CETIM AZUL, COM 70MM DE LARGURA
2 JOIAS, TAIS COMO BROCHES
TESOURA
PLACA PEQUENA DE PLÁSTICO ANTIADERENTE
ROLO DE MASSA PEQUENO
ROLO TEXTURIZADO
CORTADOR EM FORMATO DE FLOR
PINCEL FINO

Confeccione e cubra os seus bolos com, no mínimo, 2 dias de antecedência.

1 Depois que os andares estiverem montados, confeite uma borda de pontos em volta da base do primeiro e do terceiro andares, usando glacê real com consistência de picos macios de cor marfim (veja página 137). Amarre uma fita azul em volta do segundo e quarto andares e disponha uma joia no centro de cada laço. Recorte as extremidades com a tesoura.

2 Em cima da placa de plástico antiaderente polvilhada com açúcar impalpável, abra a massa elástica com o rolo texturizado, para imprimir um desenho na massa. Recorte cerca de 20 flores e pincele-as com corante em pó perolado. Delicadamente, coloque um pouco de cola comestível ou de bebida alcoólica atrás de cada flor. Disponha as flores em cima do bolo. Repita a operação até ter flores suficientes para cobrir o bolo (cerca de 120).

3 Confeite pequenos pontos de glacê real de cor marfim no centro das flores e entre elas.

---

* *Something old, something new, something borrowed and something blue.*
Essa tradição, de origem inglesa, data da época vitoriana. Ao se vestir no dia de seu casamento, a noiva deve incluir alguma coisa antiga, alguma coisa nova, alguma coisa emprestada e alguma coisa azul. A tradição diz que a coisa emprestada significa a transferência de felicidade de uma mulher já casada, e o item azul significa pureza e fidelidade. Sabe-se também que até o século XIX, o azul era uma cor muito comum e tradicional para vestidos de noiva. A coisa antiga simboliza continuidade da antiga vida da noiva, e a coisa nova, o otimismo e a esperança de uma vida ainda melhor.

Bolo Romântico de Rosas

Rosa intenso e roxo é uma das minhas combinações de cores preferidas – perfeita combinação para os casamentos no outono. Você pode combinar as cores das flores de açúcar com as das flores do bouquet da noiva!

PARA 100 PORÇÕES

cerca de 300g de massa elástica

um pouco de gordura vegetal branca

corante alimentício rosa, roxo e verde

corante em pó roxo

cola comestível (acrescente 1 colher de chá de CMC a 200ml de água e deixe descansar por 24h)

cerca de 200g de pasta americana

cerca de 1 colher de chá de CMC (carboximetilcelulose)

3 andares redondos de bolo: o primeiro com 25cm de largura, o segundo com 17,5cm e o terceiro com 10cm, feitos com 6 receitas do bolo no sabor de sua preferência (veja páginas 122-3), cobertos com marzipã e, depois, com pasta americana marfim (veja páginas 129-30), montados (veja página 132) em cima de um suporte duplo redondo de 35cm de largura, coberto com pasta americana branca (veja página 131)

açúcar impalpável, para polvilhar

um pouco de glacê real (veja página 136)

EQUIPAMENTO

PÁ ALISADORA

PLACA PEQUENA DE PLÁSTICO ANTIADERENTE

ROLO DE MASSA PEQUENO

CORTADORES EM FORMATO DE FOLHA

ESTECA DE PLÁSTICO COM PONTA PONTIAGUDA

SACO DE CONFEITAR (VEJA PÁGINA 137)

TESOURA

Confeccione as rosas com, no mínimo, 2 dias de antecedência.

▸1 Amasse a massa elástica branca junto com a gordura vegetal até adquirir uma consistência maleável e macia, e divida-a em 3 partes iguais. Tinja uma das partes de rosa, a outra de lilás e a última de roxo-escuro. Embrulhe-as em papel-filme até a hora de usar.

▸2 Para esse bolo, eu fiz 1 grande rosa aberta, 3 rosas abertas, 2 botões de rosa (veja páginas 139-41) e algumas pétalas soltas. Pincele as pétalas com o corante em pó roxo (veja página 141). Finalize com os cálices da flor, usando um pouco de cola para fixá-las. Deixe secar.

PARA FAZER OS GALHOS

❥ **3** Amasse a massa elástica até ficar maleável e macia. Adicione algumas gotas de corante verde e CMC e amasse até a mistura ficar levemente elástica. Embrulhe em papel-filme e deixe descansar por cerca de 1 hora.

❥ **4** Enquanto isso, coloque as fitas nas bases de cada andar e do suporte.

❥ **5** Para confeccionar os galhos, faça tiras arredondadas com a massa elástica verde, usando a pá alisadora. Corte-as em tamanhos diferentes e coloque-as em volta do bolo, com a ajuda da cola.

PARA FAZER AS FOLHAS E FINALIZAR O BOLO

❥ **6** Em cima da placa de plástico antiaderente levemente polvilhada com açúcar impalpável, abra o restante da massa elástica verde até atingir uma espessura bem fina. Recorte folhas com tamanhos diferentes, pressione-as contra o texturizador de folhas e disponha-as ao lado dos galhos, com a ajuda da cola ou do glacê real.

❥ **7** Coloque as rosas e botões em cima dos galhos, usando um pouco de glacê real. Se necessário, segure as flores com os dedos, até fixar. Disponha algumas pétalas em volta do bolo.

Técnicas Básicas

EQUIPAMENTO 116 ◆ **BISCOITOS** 118 ◆ **BOLOS** 121 ◆ **RECHEIOS** 125

RECHEANDO E CONFEITANDO BOLOS 127

GLACÊ REAL E TÉCNICAS BÁSICAS DE CONFEITARIA 136

PREPARANDO ROSAS DE AÇÚCAR 139

PREPARANDO & ASSANDO

1. tigela de batedeira elétrica com batedor tipo raquete
2. forminhas de papel para muffins
3. garfo de banhar trufas
4. rolo de massa grande
5. seleção de suportes de bolo
6. seleção de cortadores
7. espátula de metal
8. faca de serra
9. espátula grande
- seleção de tigelas
- amido de milho / açúcar impalpável para polvilhar
- assadeira
- seleção de aros de bolo – redondos e quadrados
- panela pequena
- batedor de arame
- papel-manteiga
- tesoura
- espátula de plástico
- pincel de confeitar
- grelha de arame
- assadeira de muffins
- réguas medidoras
- suporte giratório
- espátula de metal grande
- faca pequena

DECORANDO

10–15. seleção de pincéis de artista
16. sacos de confeitar
17. seleção de corantes alimentícios
18. seleção de glitters comestíveis
19. seleção de corantes perolados, em pó
20. suporte para flores
21. seleção de bicos de confeitar
22. espetos de plástico
23. rolo de massa pequeno
24. placa de plástico antiaderente
25. espuma de bolear flores
26. texturizador de folhas de rosa
- saquinho hermeticamente fechado
- carretilha
- pequena paleta de pintor (godê)
- pás alisadoras
- estacas de plástico
- seleção de ferramentas para confeccionar flores
- seleção de cortadores de flores

Equipamento Básico

Estes utensílios compõem o kit básico que será necessário para confeccionar e decorar os bolos deste livro. Não que você vá necessariamente precisar de todos os utensílios desta lista: muitas vezes, você poderá improvisar com alguns utensílios básicos que já possui. Você tem a opção de comprar somente os utensílios mais básicos (uma espátula, papel-manteiga para confeccionar sacos de confeitar, alguns bicos de confeitar, um rolo de massa...) e completar o seu kit à medida dos seus avanços.

Assando Biscoitos

As receitas dos biscoitos e bolos que eu desenvolvi ao longo dos anos são, além de deliciosas, ideais para servir de base às criações e decorações de açúcar: apesar das receitas não serem muito ricas em gordura, os biscoitos e bolos têm uma textura perfeita. É importante seguir as receitas com cuidado: cozinhar requer tempo e paciência. Por mais que dominar as técnicas seja fundamental, escolher os ingredientes cuidadosamente é também muito importante: procure usar manteiga e ovos orgânicos, sementes de baunilha e licores de qualidade.

Biscoitos Açucarados

PARA APROXIMADAMENTE 25 BISCOITOS DE TAMANHO MÉDIO OU PARA 12 BISCOITOS GRANDES

Temperatura de forno: 180°C; tempo de forno: 6-10 minutos, dependendo do tamanho

200g de manteiga sem sal em temperatura ambiente

200g de açúcar refinado

1 ovo ligeiramente batido

400g de farinha de trigo, mais um pouco para enfarinhar

SABORES OPCIONAIS

- Para biscoitos de baunilha, adicione as sementes de uma fava de baunilha
- Para biscoitos de limão, adicione as raspas de um limão
- Para biscoitos de laranja, adicione as raspas de uma laranja
- Para biscoitos de chocolate, substitua 50g de farinha de trigo por 50g de cacau em pó

EQUIPAMENTO

BATEDEIRA ELÉTRICA COM BATEDOR TIPO RAQUETE

PAPEL-FILME

RÉGUAS MEDIDORAS DE ESPAÇAMENTO DE 5 MM

ROLO GRANDE

CORTADORES DE BISCOITOS NO TAMANHO DESEJADO

ESPÁTULA PEQUENA

ASSADEIRA

PAPEL-MANTEIGA

GRELHA DE ARAME

▸ **1** Usando o batedor tipo raquete na batedeira, bata a manteiga junto com o açúcar e o sabor escolhido, até a mistura ficar cremosa e homogênea. Não bata muito, senão os biscoitos irão se espalhar durante o cozimento.

▸ **2** Adicione o ovo e bata novamente para

homogeneizar. Acrescente a farinha e misture, em velocidade baixa, até formar uma massa (veja 1). Forme uma bola com a massa, enrole-a no papel-filme e deixe descansar por, no mínimo, 1 hora.

3 Coloque a massa sobre uma superfície enfarinhada e pressione-a levemente. Usando as réguas medidoras, abra a massa com a espessura por igual (veja 2).

4 Use os cortadores de biscoitos para cortar a massa nos formatos desejados (veja 3). Usando a espátula, coloque-os sobre a assadeira forrada com o papel-manteiga. Deixe descansar por

aproximadamente 30 minutos e preaqueça o forno a 180°C.

5 Asse durante 6-10 minutos, dependendo do tamanho: os biscoitos devem estar com as bordas douradas. Deixe esfriar sobre a grelha de arame. Embrulhe os biscoitos em papel-alumínio ou papel-filme; eles podem ser conservados por 1 mês em local seco.

Dica: sempre asse juntos os biscoitos de tamanhos iguais para se ter certeza de que estarão prontos ao mesmo tempo. Se misturar diferentes tamanhos, os menores estarão assados, enquanto os maiores permanecerão crus no meio.

Biscoitos de Gengibre

PARA APROXIMADAMENTE 40 BISCOITOS DE TAMANHO MÉDIO OU PARA 20 BISCOITOS GRANDES

Temperatura de forno: 200°C; tempo de forno: 8-12 minutos, dependendo do tamanho

250g de manteiga com sal, gelada e em cubos
1 colher de chá de bicarbonato de sódio
560g de farinha de trigo

para a mistura quente
5 colheres de sopa de água
210g de açúcar mascavo
3 colheres de sopa de melado de cana
3 colheres de sopa de mel (xarope de glucose
   do tipo "Karo")
3 colheres de sopa de gengibre em pó
3 colheres de sopa de canela em pó
1 colher de chá de cravo em pó

EQUIPAMENTO

FRIGIDEIRA DE FUNDO GROSSO
COLHER DE PAU OU ESPÁTULA DE SILICONE
BATEDEIRA ELÉTRICA COM BATEDOR TIPO RAQUETE
PENEIRA
PAPEL-FILME
RÉGUAS MEDIDORAS DE ESPAÇAMENTO DE 5MM
ROLO
CORTADORES DE BISCOITOS NO TAMANHO DESEJADO
ESPÁTULA PEQUENA
ASSADEIRA
PAPEL-MANTEIGA
GRELHA DE ARAME

1 Disponha todos os ingredientes da mistura quente na frigideira e leve à fervura, mexendo sempre (veja 1 na página seguinte).

2 Depois de ferver, retire a frigideira do fogo e, usando a colher de pau ou espátula de silicone, adicione a manteiga, misturando cuidadosamente (veja 2 na página seguinte).

Biscoitos de Gengibre *(continuação)*

3 Depois de homogênea, acrescente o bicarbonato de sódio e bata a mistura, rapidamente e com vigor.

4 Despeje na vasilha da batedeira e deixe amornar.

5 Depois de morna, peneire a farinha sobre a massa e comece a bater em velocidade baixa, usando o batedor tipo raquete, até formar uma massa úmida (veja 3).

6 Embrulhe a massa no papel-filme e deixe descansar por algumas horas, ou de um dia para outro.

7 Disponha a massa sobre uma superfície limpa e enfarinhada e pressione levemente.

8 Usando as réguas medidoras, abra a massa com a espessura por igual.

9 Use os cortadores de biscoitos para cortar a massa nos formatos desejados e coloque-os sobre a assadeira forrada com papel-manteiga.

10 Deixe descansar por aproximadamente 30 minutos e preaqueça o forno a 200°C.

11 Asse durante 8-12 minutos, dependendo do tamanho: os biscoitos devem estar firmes ao toque.

12 Deixe esfriar sobre a grelha de arame. Embrulhe os biscoitos em papel-alumínio ou papel-filme; eles podem ser conservados por 1 mês em um local seco.

Dicas:
• A massa ou os biscoitos já cortados crus podem ser embrulhados em papel-filme e armazenados no freezer por até 3 meses.
• Os biscoitos congelados tendem a ficar mais firmes e a não se espalhar tanto durante o cozimento quanto os frescos.
• Os biscoitos açucarados podem ser conservados por até 1 mês e os biscoitos de gengibre por até 3 meses, se guardados em potes hermeticamente fechados.

Assando Bolos Básicos

Forrando um Aro de Bolo Redondo

EQUIPAMENTO

ARO DE BOLO REDONDO NO TAMANHO DESEJADO
PAPEL-MANTEIGA
CANETA
TESOURA
PINCEL DE CONFEITAR
ÓLEO DE COZINHA

1 Coloque o aro sobre o papel-manteiga e desenhe uma linha em volta dele com a caneta. Recorte o círculo.

2 Corte uma faixa de papel-manteiga com largura de aproximadamente 5cm a mais que a profundidade do seu aro e com comprimento igual ao seu diâmetro. Dobre 2,5cm da faixa e corte a cada 2 cm.

3 Pincele um pouco de óleo em cima do aro.

4 Coloque a faixa de papel-manteiga – com a borda cortada debaixo (veja foto ao lado) – dentro do aro para cobrir as laterais. Pincele o papel-manteiga com um pouco de óleo.

5 Coloque agora o círculo de papel-manteiga por cima: verifique se os dois pedaços de papel-manteiga formam um ângulo reto para que a massa não transborde.

Para forrar formas quadradas, use a mesma técnica mas, para as laterais, dobre as faixas para que elas se encaixem melhor na forma (veja 1 e 2 na página seguinte).

Dica: já que o Bolo Victoria tende a diminuir um pouco de tamanho durante o cozimento e que as laterais do bolo são sempre mais secas que o seu centro, eu recomendo usar um aro 2,5cm mais largo do que o tamanho desejado: depois de assado, recorte as bordas para atingir o tamanho ideal.

Bolo Victoria

**PARA 1 BOLO DE 20CM DE LARGURA,
25 BOLINHOS DE FONDANT OU 20-24 CUPCAKES**

Para outros tamanhos e quantidades, veja a página 143.

Temperatura de forno: 180°C; tempo de forno: 12-15 minutos para cupcakes, 25-45 para bolos grandes, dependendo do tamanho

200g de manteiga sem sal em temperatura ambiente

200g de açúcar refinado

4 ovos médios

200g de farinha de trigo com fermento

100ml de calda de açúcar (veja página 125), no sabor da sua preferência

EQUIPAMENTO

BATEDEIRA ELÉTRICA COM BATEDOR TIPO RAQUETE
TIGELA
FORMA DE BOLO DE 20CM DE LARGURA (PARA O BOLO GRANDE E OS BOLINHOS DE FONDANTS) OU ASSADEIRA DE MUFFINS E FOMINHAS DE PAPEL (PARA OS CUPCAKES)
PALITOS DE DENTE
PAPEL-MANTEIGA
ESPÁTULA GRANDE (PARA O BOLO GRANDE E OS BOLINHOS DE FONDANTS)
COLHER PEQUENA OU SACO DE CONFEITAR GRANDE (PARA OS CUPCAKES)
GRELHA DE ARAME

SABORES OPCIONAIS

• Para bolo de baunilha, adicione as sementes de uma fava de baunilha
• Para bolo de limão, adicione as raspas de um limão
• Para bolo de laranja, adicione as raspas de uma laranja

Dica: Asse os cupcakes no mesmo dia em que serão confeitados, pois ressecam mais rapidamente que bolos.

1 Preaqueça o forno a 180°C.

2 Coloque a manteiga, o açúcar e o sabor escolhido na vasilha da batedeira e, usando o batedor tipo raquete, bata até adquirir uma consistência fofa de cor clara.

3 Em outra vasilha, bata os ovos ligeiramente. Adicione-os, lentamente, à mistura e bata em velocidade média. Caso a mistura se separe, adicione um pouco de farinha.

4 Depois de atingir uma mistura homogênea, acrescente a farinha, batendo em velocidade baixa.

5 Forre a forma, seguindo a explicação da página anterior. Para os cupcakes, coloque forminhas de papel dentro de cada cavidade.

6 Espalhe a massa igualmente dentro da forma, com o auxílio da espátula (veja 1 e 2).

Dica: como a massa sempre cresce mais no centro, espalhe um pouco mais de massa nas laterais. Para os cupcakes, preencha dois terços das forminhas de papel, com o auxílio da colher ou do saco de confeitar.

7 Asse de 12-15 minutos para os cupcakes e 25-45 para bolos grandes, dependendo do tamanho. A massa estará cozida quando, ao apertá-la, não ficar marcada e quando as laterais se desgrudam levemente da forma. Como alternativa, pode-se inserir a ponta de uma faca limpa e fina no centro: ela deverá sair limpa.

8 Enquanto o bolo estiver assando, prepare a calda de açúcar.

9 Depois de assado, deixe o bolo descansar por aproximadamente 15 minutos.

▶ 10 Fure a superfície do bolo ainda quente com o palito e, com o auxílio do pincel, molhe-o com a calda de açúcar. Para os cupcakes, espere cerca de 10 minutos depois de assados, antes de molhá-los com a calda de açúcar. Assim, eles absorverão a calda imediatamente e não ficarão com um aspeto seco.

▶ 11 Depois de frio, desenforme o bolo e deixe-o descansar em cima da grelha de arame.

▶ 12 Caso o bolo seja maior, embrulhe-o, frio, no papel-manteiga e no papel-alumínio. Armazene em local seco e deixe descansar, de um dia para outro.

Dicas:
• Eu prefiro deixar os bolos grandes descansar a noite inteira, pois eles tendem a esfarelar quando cortados, recheados e confeitados no mesmo dia.
• Bolos e cupcakes podem ser conservados durante 7 dias depois de confeitados e, se bem embrulhados, podem ser congelados por até 3 meses.

Bolo de Chocolate Intenso

Este bolo fica um pouco mais úmido que os outros bolos de chocolate, porém é mais denso e um pouco mais pesado, sendo uma ótima base para bolos de andares de casamento. Depois de confeitado, pode ser conservado durante 7 dias.

PARA UM BOLO DE 20M DE LARGURA OU 20-24 CUPCAKES

Temperatura de forno: 160°C; tempo de forno: cerca de 15 minutos para cupcakes, 25-45 para bolos grandes, dependendo do tamanho

75g de gotas de chocolate amargo para a cobertura
100ml de leite
225g de açúcar mascavo
75g de manteiga sem sal em temperatura ambiente
2 ovos médios ligeiramente batidos
150g de farinha de trigo
1 e ½ colher de sopa de cacau em pó
½ colher de chá de fermento em pó
½ colher de chá de bicarbonato de sódio

EQUIPAMENTO

FORMA DE BOLO DE 20CM DE LARGURA (PARA O BOLO GRANDE) OU ASSADEIRA DE MUFFINS E FOMINHAS DE PAPEL (PARA OS CUPCAKES)
PAPEL-MANTEIGA
FRIGIDEIRA DE FUNDO GROSSO
BATEDEIRA ELÉTRICA COM BATEDOR TIPO RAQUETE
PENEIRA
TIGELA
JARRA MEDIDORA
COLHER DE PAU OU ESPÁTULA

Para outros tamanhos e quantidades, veja a página 143.

1 Preaqueça o forno a 160°C.

2 Forre a forma seguindo as instruções da página 121. Para os cupcakes, coloque forminhas de papel dentro de cada cavidade.

3 Coloque o chocolate, o leite e metade do açúcar na frigideira e leve à fervura, mexendo de vez em quando.

4 Usando o batedor tipo raquete, bata a manteiga e o restante do açúcar até adquirir uma consistência fofa, de cor clara.

5 Adicione os ovos, um a um.

6 Peneire a farinha, o cacau, o fermento em pó e o bicarbonato de sódio e adicione-os à mistura, batendo em velocidade baixa.

7 Enquanto a mistura de chocolate ainda estiver quente, transfira-a para a jarra medidora e despeje-a, lentamente, na massa, batendo em velocidade baixa.

8 Depois de atingir uma mistura homogênea, despeje a massa na forma forrada. Para cupcakes, transfira a primeira a massa para a jarra medidora, pois é muito líquida, e preencha dois terços das forminhas de papel.

9 Asse 15 minutos para cupcakes e 25-45 minutos para bolos grandes, dependendo do tamanho. A massa estará cozida quando, ao apertá-la, não ficar marcada e quando as laterais se desgrudam levemente da forma. Como alternativa, pode-se inserir a ponta de uma faca limpa e fina no centro: ela deverá sair limpa.

10 Depois de assado, deixe o bolo (ou os cupcakes) descansar por aproximadamente 15 minutos. Desenforme depois de frio.

11 Para conservar o bolo, embrulhe-o, frio, no papel-manteiga e no papel-alumínio, armazene-o em local seco e deixe descansar, de um dia para outro. Se bem embrulhado, pode ser congelado por até 3 meses.

Recheios

Caldas de Açúcar

PARA 100ML DE XAROPE DE CALDA DE AÇÚCAR - aproximadamente a quantidade necessária para rechear um andar de bolo de 20cm de largura, um bolo de 30cm de largura, 25 bolinhos de fondant ou 20-24 cupcakes

para a calda de baunilha

5 colheres de sopa de água

75g de açúcar

as sementes de ½ fava de baunilha ou 1 colher de chá de essência de baunilha de Madagascar

para a calda de limão

5 colheres de suco de limão

75g de açúcar

1 colher de sopa de Limoncello (licor de limão)

para a calda de laranja

5 colheres de suco de laranja

75g de açúcar

1 colher de sopa de Grand Marnier (licor de laranja)

EQUIPAMENTO

FRIGIDEIRA FUNDA

ESPÁTULA

1 Coloque a água ou o suco na frigideira junto com o açúcar e leve à fervura. Retire do fogo e deixe esfriar.

2 Depois de frio, adicione os licores ou as sementes de baunilha e misture.

3 O ideal é deixar a calda em infusão, de um dia para outro, pois realça os aromas e sabores.

4 Para armazenar a calda de açúcar, conserve-a, em um pote (ou garrafa) hermeticamente fechado, dentro da geladeira. Pode ser conservada durante 1 mês.

Creme de Manteiga

Inspirado em uma receita tradicional inglesa, eu uso quantidades iguais de manteiga e açúcar para fazer o meu creme de manteiga. Simples de realizar, essa receita não possui ovo e, por isso, pode ser conservada mais tempo na geladeira, em comparação com outras receitas de cremes de manteiga.

PARA 600G - aproximadamente a quantidade necessária para rechear um andar de bolo de 20cm de largura ou 25 bolinhos

300g de manteiga sem sal em temperatura ambiente

300g de açúcar impalpável peneirado

1 pitada de sal

Para outros tamanhos e quantidades, veja a página 143.

Sabores opcionais

- Para creme de manteiga de baunilha, adicione as sementes de uma fava de baunilha
- Para creme de manteiga de limão, adicione as raspas de 2 limões
- Para creme de manteiga de laranja, adicione as raspas de 2 laranjas

EQUIPAMENTO

BATEDEIRA ELÉTRICA COM BATEDOR TIPO RAQUETE

1 Usando o batedor tipo raquete da batedeira, coloque a manteiga, o açúcar o sal e o sabor escolhido e bata em velocidade baixa. Aumente a velocidade e bata até a mistura ficar fofa e leve.

2 Se não for usar imediatamente, armazene o creme de manteiga, em um pote hermeticamente fechado, na geladeira. Retorne à temperatura ambiente antes de usar. Esse creme de manteiga pode ser conservado por até 2 semanas na geladeira.

Ganache de Chocolate Belga

PARA 600G - aproximadamente a quantidade necessária para rechear um andar de bolo de 20cm de largura

300g gotas de chocolate belga (com, no mínimo, 53% de cacau) ou chocolate meio amargo picado
300ml de creme de leite fresco

Para outros tamanhos e quantidades, veja a página 143.

EQUIPAMENTO

TIGELA À PROVA DE CALOR
FRIGIDEIRA
BATEDOR DE ARAME

1 Coloque as gotas de chocolate na tigela.

2 Na frigideira, aqueça o creme de leite fresco, mexendo sempre até reduzir um pouco.

3 Despeje o creme quente sobre o chocolate (veja 1) e bata com batedor de arame até a mistura ficar homogênea e macia (veja 2). Não bata o ganache excessivamente, pois pode espirrar facilmente.

4 Deixe esfriar até atingir uma consistência firme (veja 3). Esse ganache pode ser armazenado, em pote hermeticamente fechado, na geladeira, por até 1 mês.

Recheando e Confeitando Bolos

Bolos de andares, como também minibolos, permitem a mistura de vários sabores. Se você quiser fazer um bolo de andares com sabores diferentes, lembre que o andar de baixo vai ter que suportar os outros: por isso, escolha a receita de um bolo denso para o primeiro andar e de bolos mais leves para os andares de cima. Eu recomendo usar o Bolo de Chocolate Intenso para realizar o andar de baixo e o Bolo Victoria, mais aerado, para os andares de cima.

Na página 143, você encontrará uma tabela referente às quantidades de recheios, coberturas etc., necessárias aos diversos tipos e tamanhos de bolo. Um molde para ajudar a posicionar as estacas na hora de montar um bolo de andares foi reproduzido na página 146.

Minibolos

Normalmente, eu asso e recheio os minibolos 3 dias antes, confeito-os no dia seguinte e acrescento as decorações 1 dia antes do evento.

PARA 24 MINIBOLOS REDONDOS

30cm do Bolo Victoria quadrado
   (veja página 122)

para o recheio

cerca de 3 colheres de sopa de geleia, marmelada, creme de limão ou ganache de chocolate
   (veja página 126)
pequena quantidade de açúcar impalpável para polvilhar
cerca de 500g de creme de manteiga ou ganache
   (veja páginas 125-6), no sabor de sua preferência
2kg de marzipã
2kg de pasta americana

pequena quantidade de bebida alcoólica incolor
   (prefiro a vodca por possuir um sabor neutro)
   ou água

EQUIPAMENTO

FACA GRANDE COM SERRA (PARA CORTAR PÃES)
ESPÁTULA GRANDE
BANDEJA OU PRATO
PAPEL-FILME
ESPÁTULA PEQUENA
PANELA PEQUENA
ROLO DE MASSA GRANDE
CORTADOR OU ARO DE MOUSSE REDONDO DE 5CM DE
   DIÂMETRO E 5CM DE ALTURA
PAPEL-MANTEIGA
RÉGUAS MEDIDORAS DE 5MM DE LARGURA
FACA PEQUENA
PÁ ALISADORA
CARTUCHOS DE PAPEL PARA BOLOS DE 25 X 5CM
   (OPCIONAL)

1 Com a faca de serra, corte o topo do bolo. Em seguida, corte-o ao meio, na horizontal, deixando as duas metades de tamanhos iguais.

2 Com a espátula grande, espalhe uma fina camada do recheio escolhido em uma das metades do bolo e coloque a outra metade do bolo por cima. Juntas, as duas metades devem medir um pouco menos de 5cm de altura.

3 Coloque o bolo sobre uma bandeja ou prato e embrulhe-o com papel-filme.

4 Leve à geladeira o bolo recheado e embrulhado por algumas horas para que fique firme.

5 Depois de firme, corte 25 miniaturas de bolo, usando o cortador redondo de 5 cm de altura e disponha-as em uma bandeja forrada com papel-filme ou papel-manteiga.

6 Com a espátula pequena, cubra, cuidadosamente, as laterais e os topos dos bolinhos com o creme de manteiga ou o ganache. Nos cartuchos de papel para bolos, coloque uma pequena quantidade de creme de manteiga ou ganache em sua base e disponha os bolinhos por cima para firmá-los no lugar. Retorne os bolinhos à geladeira para que a cobertura fique firme.

7 Em uma superfície polvilhada com açúcar impalpável, amasse um quarto do marzipã, até adquirir uma consistência macia e maleável. Forme uma bola com a massa do marzipã e, usando o rolo e as réguas medidoras, abra-a em formato quadrado, com cerca de 20cm de tamanho e 5mm de espessura.

8 Retire 4 bolinhos da geladeira. Corte o quadrado de marzipã em 4 partes iguais e disponha-as sobre o topo de cada bolinho. Cuidadosamente, pressione e molde o marzipã sobre o topo e as laterais dos bolinhos para que fique aderido a eles. Com a faca pequena, retire o excesso.

9 Passe a pá alisadora ao longo do topo e das laterais de cada bolinho para que as laterais fiquem retas e o topo liso e nivelado.

10 Depois que todos os bolinhos estiverem cobertos com o marzipã, pincele a superfície com bebida alcoólica ou água e repita os passos 6 a 9, usando a pasta americana, ao invés do marzipã. Deixe secar completamente antes de decorar, de preferência de um dia para outro.

Minhas Combinações Preferidas de Bolo e Recheio

• **Bolo de baunilha**, molhado com calda de baunilha, recheado com creme de framboesas e creme de manteiga de baunilha

• **Bolo de limão**, molhado com calda de limão ou Limoncello (licor de limão), recheado com creme de limão e creme de manteiga de limão

• **Bolo de laranja**, molhado com calda de laranja ou Grand Marnier (licor de laranja), recheado com pasta de doce de laranja e creme de manteiga de laranja

• **Bolo de chocolate**, recheado com ganache de chocolate belga e licor Bailey's (licor de creme)

Bolos Grandes

Para um andar de bolo redondo de 20cm de diâmetro, você precisará de 2 bolos redondos de 22,5cm cada (confira as quantidades na página 143).

para o Bolo Victoria

cerca de 600g de creme de manteiga

2 colheres de sopa de geleia, marmelada ou creme de limão

para o Bolo de Chocolate Intenso

cerca de 600g de ganache de chocolate

um pouco de açúcar impalpável, para polvilhar

cerca de 850g de marzipã

pequena quantidade de bebida alcoólica incolor (prefiro a vodca, por possuir um sabor neutro)

cerca de 850g de pasta americana

Para outros tamanhos e quantidades, veja a página 143.

EQUIPAMENTO

FACA GRANDE COM SERRA (PARA CORTAR PÃES)

SUPORTE DE BOLO DE 20CM

ESPÁTULA GRANDE

ESPÁTULA DE ALISAR

ROLO DE MASSA GRANDE

RÉGUAS MEDIDORAS DE 5MM DE LARGURA

PINOS DE METAL OU AGULHAS

PÁS ALISADORAS

PINCEL DE CONFEITAR

1 Com a faca de serra, corte o topo dos dois bolos. Usando o suporte de bolo como referência, corte as laterais de cada bolo no tamanho exato da tábua.

2 Coloque uma colherada de creme de manteiga ou de ganache sobre o suporte, e, por cima, um dos bolos com a crosta dourada voltada para baixo.

3 Com a espátula, espalhe quantidades generosas do recheio de sua escolha na base e coloque o outro bolo por cima.

4 Cubra o bolo com o creme de manteiga ou o ganache restantes, espalhando primeiro no topo, e depois nas laterais (veja 1). Remova o excesso das laterais (com a espátula alisadora) e do topo (com a espátula grande – veja 2).

5 Deixe descansar por pelo menos 2 horas. Essa camada deverá ficar firme e preparada para a próxima.

6 Depois de pronto, espalhe outra camada de creme de manteiga ou de ganache. Continue espalhando para que as laterais fiquem retas e o topo liso e nivelado. Deixe descansar novamente, de preferência de um dia para outro.

7 Em uma superfície polvilhada com açúcar impalpável, amasse o marzipã até adquirir uma consistência macia e maleável. Forme uma bola com a massa do marzipã e, usando o rolo e as réguas medidoras, abra-a em formato redondo com cerca de 5mm de

espessura e largo o suficiente para cobrir o topo e as laterais do bolo.

▸ **8** Retire o bolo da geladeira e transfira-o para uma superfície forrada com papel-manteiga. Espalhe uma fina camada de cobertura de creme de manteiga ou de ganache. Com a ajuda do rolo de massa, disponha a massa de marzipã aberta por cima do bolo (veja 1).

▸ **9** Pressione a massa para cobrir as laterais, com cuidado para que as bolhas de ar não fiquem presas entre a cobertura e o bolo. Caso alguma aparecer, espete-a com a agulha e pressione para que a massa fique lisa, enquanto a cobertura ainda está macia. Retire o excesso de marzipã das laterais, com o auxílio de uma faca.

▸ **10** Passe a pá alisadora ao longo do topo e das laterais do bolo para que as laterais fiquem retas e o topo liso e nivelado (veja 3). Use a palma das suas mãos para ajudar a deixar o topo nivelado. Deixe descansar por 1 ou 2 dias, em um local de temperatura ambiente e arejado.

▸ **11** Depois de pronto, pincele a camada de marzipã com um pouco de bebida alcoólica para aderir à pasta americana. O álcool não só destrói qualquer bactéria existente que possa ter se desenvolvido enquanto o bolo descansava, como também evapora em minutos depois da aplicação e cria uma forte camada de cola entre o marzipã e a pasta americana. Caso prefira não usar álcool, você pode usar água fervida resfriada.

▸ **12** Repita os passos de 8 a 11, usando a pasta americana ao invés do marzipã.

Dicas:

• Para bolos de andares, comece preparando cerca de 5 a 6 dias antes do evento. Por exemplo, se o casamento for no sábado, asse os bolos na segunda-feira anterior e recheie-os na terça-feira. Cubra os bolos com o marzipã na quarta-feira e deixe descansar de um dia para outro, para ter tempo de secar. Na quinta-feira, cubra os bolos com a pasta americana e deixe descansar novamente, de um dia para outro. Isso lhe permite ter a sexta-feira livre para aplicar a decoração no bolo, que você pôde preparar semanas antes.

• Para bolos de apenas um andar, comece cerca de 3 a 4 dias antes do evento, assim o bolo pode ser coberto com o marzipã e a pasta americana no mesmo dia. Para fazer um andar de bolo, você precisará de 2 bolos do mesmo tamanho.

• Para uma boa medida de andar de bolo, o ideal é que cada andar tenha 8,5cm de altura (incluindo o suporte de bolo) antes de aplicar o marzipã e a pasta americana. Tenha certeza de que todos os andares possuem a mesma altura, a menos que a mistura de diferentes tipos de tamanho seja intencional.

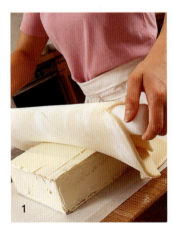

Cobrindo Suportes de Bolo

Cubra o suporte 1 dia ou 2, no mínimo, antes de montar o seu bolo, para que a pasta americana esteja firme o suficiente para acolher o bolo.

açúcar impalpável para polvilhar
um pouco de bebida alcoólica incolor (vodca, por exemplo)
pasta americana (confira as quantidades página 143)

EQUIPAMENTO
SUPORTE DE BOLO ESPESSO DO TAMANHO DESEJADO
PINCEL DE CONFEITAR
ROLO
PÁS ALISADORAS
PEQUENA FACA DE COZINHA
FITA DE CETIM DE 15MM DE LARGURA PARA COBRIR AS LATERAIS
TACHINHA DE METAL

1 Polvilhe um pouco de açúcar impalpável em cima do suporte e, usando o pincel, molhe-o com bebida alcoólica (para formar um tipo de cola).

2 Abra a pasta americana, deixando-a com uma espessura de aproximadamente 3mm e larga o suficiente para cobrir o suporte.

3 Com o auxílio do rolo, transfira a pasta americana e disponha-a em cima do suporte (veja 1).

4 Passe, delicadamente, a pá alisadora em cima da superfície para deixá-la bem lisa e retirar as eventuais bolhas de ar.

5 Com uma mão, levante o suporte e, com a pá alisadora na outra mão, pressione a pasta americana sobre as laterais (veja 2).

6 Com o auxílio da faca, retire o excesso e deixe a pasta americana endurecer durante 1 ou 2 dias.

7 Depois de seca, coloque a fita em volta do suporte e amarre as extremidades com a tachinha de metal (veja 4).

Juntando os Andares do Bolo

PARA UM BOLO DE 3 ANDARES

suporte de bolo revestido com pasta americana de aproximadamente 7,5-10cm mais larga do que o primeiro andar do bolo
um pouco de glacê real (veja página 136)
3 andares de bolo de tamanhos diferentes, por exemplo: 25cm, 17,5cm e 10cm de largura

EQUIPAMENTO

8 ESTACAS DE PLÁSTICO
SUPORTE DE BOLO
ESPÁTULA
TESOURA GRANDE OU FACA DE SERRA
CANETA DE TINTA ALIMENTÍCIA
MOLDE PARA ESTAQUEAR (VEJA PÁGINA 146)
FITA DE CETIM DE 15MM DE LARGURA PARA COBRIR AS LATERAIS
TACHINHA DE METAL
NIVELADOR (OPCIONAL)

1 Usando a espátula, espalhe uma camada fina de glacê real no suporte de bolo, tomando cuidado para não ultrapassar o diâmetro do primeiro andar.

2 Com o auxílio da espátula, transfira, cuidadosamente, o primeiro andar do seu bolo para o centro do suporte (veja 1).

3 Usando o molde como referência, defina as posições das quatro estacas de plástico (veja 2). Enfie as estacas dentro do primeiro andar (elas impedem o andar de cima de se afundar no andar de baixo).

4 Use a caneta de tinta alimentícia para marcar um ponto nas estacas: o ponto deve ser 1mm acima do bolo.

5 Retire as estacas cuidadosamente, alinhe-as e corte-as na mesma altura, usando o ponto como referência. Enfie-as de volta dentro do bolo. Para verificar se todas têm a mesma altura, coloque um suporte de bolo em cima delas e, se possível, verifique com o nivelador. Caso uma das estacas seja maior, retire-a do bolo com a ajuda do par de pinças. Corte-a com a tesoura e coloque-a novamente dentro do bolo.

6 Uma vez que você estiver satisfeita com a altura das estacas, espalhe uma camada fina de glacê no meio do primeiro andar. Com o auxílio da espátula, transfira, cuidadosamente, o segundo andar do seu bolo para o centro do seu primeiro andar.

7 Repita os passos 3 a 5 para o segundo andar e para o terceiro, se necessário.

8 Depois que todos os andares estiverem montados, misture a pasta americana com a água para formar uma mistura espessa e cremosa. Recheie o saco de confeitar com essa mistura e preencha os espaços entre os andares.

9 Use o seu dedo, previamente umedecido com o pano, para retirar o excesso (veja 3).

Dica: dependendo do transporte que será usado e da distância até o evento, pode ser preferível montar o bolo no próprio lugar do evento: você pode colocar as estacas e amarrar as fitas e transportar os andares em caixas separadas.

Banhando os Bolinhos com Fondant

Usado para rechear trufas de chocolate ou para dar um brilho às confeitarias, o fondant líquido pode ser conservado por muito tempo e é particularmente saboroso quando aromatizado com sucos de frutas, essências ou licores. Branco, o fondant é ideal como base para misturar cores brilhantes.

Por ser feito com açúcar, glucose e água levados juntos à fervura, habilidade e experiência são necessárias para conseguir atingir a consistência certa. Para facilitar, eu prefiro usar fondant líquido pronto.

PARA CERCA DE 25 BOLINHOS COM FONDANT

Bolo Victoria de 20cm de largura (veja página 122), bem molhado com calda de açúcar (veja página 125), cortado e recheado com o sabor da sua preferência (veja páginas 125-6)

1 colher de sopa bem cheia de geleia de damascos peneirada

açúcar impalpável para polvilhar

aproximadamente 150g de marzipã

aproximadamente 1kg de fondant líquido pronto

um pouco de glucose líquido

seleção de corantes alimentícios líquidos

um pouco de suco de frutas ou de licor

EQUIPAMENTO

FACA GRANDE

BANDEJA

PAPEL-FILME

PINCEL DE CONFEITAR

ROLO DE MASSA GRANDE

FACA PEQUENA

MICRO-ONDAS

TIGELAS PEQUENAS PARA MICRO-ONDAS

GARFO DE BANHAR TRUFAS

GRELHA DE ARAME

FOMINHAS DE PAPEL DE MUFFIN PRATEADAS (OPCIONAL)

1 Usando a faca grande, retire a parte de cima do Bolo Victoria. Disponha o bolo, virado para baixo, em cima da bandeja. A espessura dele deve ser de 3-4cm.

2 Embrulhe o bolo com papel-filme e leve-o à geladeira por cerca de 2-3 horas, até ficar firme.

▶ **3** Quando o bolo estiver firme, desembrulhe-o e aqueça a geleia de damascos. Com a ajuda do pincel de confeitar, espalhe uma camada fina de geleia em cima do bolo.

▶ **4** Sobre uma superfície levemente polvilhada com açúcar impalpável, amasse o marzipã até atingir uma consistência maleável. Prepare uma bola e abra-a em formato de um quadrado: deve ser grande o suficiente para cobrir o bolo e ter aproximadamente 3mm de espessura.

▶ **5** Transfira, cuidadosamente, o marzipã para cima do bolo (veja 1). Retire o excesso, se necessário.

▶ **6** Recorte o bolo coberto de marzipã em quadrados de 4cm (veja 2) e espalhe um pouco de geleia em cima.

▶ **7** Coloque o fondant na tigela para micro-ondas e aqueça à temperatura média, por cerca de 1 minuto. Adicione a glucose e aqueça novamente por cerca de 20 segundos. Repita a operação até que a mistura fique quente e rala. Se preferir, pode aquecer a mistura em uma frigideira funda, em temperatura baixa e mexendo sempre. Não deixe ferver, senão perderá o seu brilho depois de seco. Se necessário, pode-se acrescentar um pouco de calda de açúcar para deixar a mistura mais líquida: deve-se atingir uma consistência espessa.

▶ **8** Se você deseja ter várias cores, transfira o fondant em várias tigelas e adicione algumas gotas de corante alimentício em cada recipiente, até atingir a cor desejada.

▶ **9** Banhe cada um dos bolinhos no fondant até que três-quartos sejam cobertos. Para retirar, segure a base do bolinho com dois dedos e apoie o topo com o garfo de banhar trufas (veja 3), tomando cuidado para não afundar o garfo no marzipã, pois corre o risco de deformá-lo. Retire, rapidamente, o excesso de cobertura e coloque o bolinho na grelha de arame. Deixe descansar até a cobertura secar.

▶ **10** Com o auxílio da faca, corte delicadamente a base dos bolinhos para removê-los da grelha de arame. Disponha cada um deles em uma forminha de papel. Transfira os bolinhos, molhando levemente os seus dedos para que não grudem na cobertura. Ajuste, cuidadosamente, os lados das forminhas aos bolinhos para que, ao secar, eles obtenham uma forma quadrada. Deixe os bolinhos próximos um do outro até a hora de decorar. Isto ajudará a manter os bolinhos com um formato quadrado.

▶ **11** Bolinhos de fondant banhados podem ser conservados por até 7 dias dentro de um pote hermeticamente fechado ou embrulhados em papel-alumínio. Não podem ser guardados na geladeira, pois a cobertura irá derreter.

Banhando Cupcakes

PARA 20 CUPCAKES

3 colheres de sopa bem cheias de geleia peneirada de damascos

20 cupcakes (veja receita do Bolo Victoria página 122) molhados com calda de açúcar (veja página 125)

aproximadamente 1kg de fondant líquido pronto

um pouco de glucose líquida

um pouco de suco de frutas ou de licor

seleção de corantes alimentícios líquidos

EQUIPAMENTO

PINCEL DE CONFEITAR

MICRO-ONDAS

TIGELAS PEQUENAS PARA MICRO-ONDAS

ESPÁTULA PEQUENA OU COLHER

1 Aqueça a geleia e pincele uma camada fina em cima de cada um dos cupcakes para criar uma superfície lisa.

2 Coloque o fondant na tigela para micro-ondas e aqueça à temperatura média, por cerca de 1 minuto. Adicione a glucose e aqueça novamente por cerca de 20 segundos. Repita a operação até que a mistura fique quente e rala. Se preferir, pode aquecer a mistura em uma frigideira funda, em temperatura baixa, mexendo sempre. Não deixe ferver, pois perderá o seu brilho depois de seco. Se necessário, pode-se acrescentar um pouco de calda de açúcar para deixar a mistura mais líquida: deve-se atingir uma consistência espessa.

3 Se você deseja ter várias cores, transfira o fondant em várias tigelas e adicione algumas gotas de corante alimentício em cada recipiente, até atingir a cor desejada.

4 Banhe os cupcakes no fondant da primeira cor desejada, chocalhe para retirar o excesso e deixe secar. Quando os últimos cupcakes estiverem banhados, a cobertura dos primeiros deverá estar seca. Banhe novamente os cupcakes no fondant da segunda cor desejada. Banhar os cupcakes duas vezes garante uma superfície brilhante e cremosa.

5 Caso sobre um pouco de fondant, embrulhe-o em papel-filme para conservá-lo. Antes de usar novamente, despeje um pouco de água quente em cima para amolecer a superfície endurecida. Deixe amolecer por cerca de 15 minutos, retire a água e esquente normalmente.

Dica: sempre comece a misturar as cores claras do fondant e vá adicionando mais fondant ou mais corante, até atingir a cor desejada. Para ser mais econômico, misture os fondants para obter uma nova cor: se você deseja fondants amarelo, azul e verde, por exemplo, prepare primeiro os fondants amarelo e azul e misture-os para obter o fondant verde.

Glacê Real e Técnicas Básicas de Confeitaria

Confeitar com glacê real é provavelmente a habilidade essencial para realizar as criações deste livro, especialmente para decorar os biscoitos. Feito com açúcar impalpável misturado com claras (ou claras em pó), o glacê real é uma ótima cola para fixar as flores de açúcar ou outras decorações. Realizar o glacê real é fácil porém, se você estiver sem tempo ou sem vontade, pode também usar glacê já preparado, à venda nas lojas especializadas.

Glacê Real

PARA CERCA DE 1KG

cerca de 25g de clara em pó ou 4 claras médias

1kg de açúcar impalpável peneirado

pequena quantidade de suco de limão

EQUIPAMENTO

PENEIRA

BATEDEIRA ELÉTRICA COM BATEDOR TIPO RAQUETE

COLHER

POTE COM TAMPA HERMÉTICA

PANO ÚMIDO LIMPO

1 Caso use a clara em pó, misture-a com 150ml de água e peneire para retirar qualquer grumo formado. O ideal é deixar descansar de um dia para outro, na geladeira.

2 Coloque o açúcar na tigela da batedeira e adicione três quartos da mistura da clara em pó ou as claras do ovo natural levemente batidas. Acrescente o suco de limão e comece a bater em velocidade baixa.

3 Depois que a mistura estiver homogênea, cheque sua consistência. Caso a lateral da tigela da batedeira ainda possuir um pouco da mistura seca e esfarelada, adicione mais mistura da clara em pó ou clara natural até o glacê ficar macio, mas não úmido.

Consistência de picos firmes – para confeitar flores de açúcar e folhas

Consistência de picos macios – para confeitar linhas, pontos e bordas

Consistência rala – para preencher espaços

4 Continue batendo por aproximadamente 4-5 minutos, até adquirir consistência de picos firmes.

5 Com o auxílio de uma colher, passe o glacê para um pote, cubra com um pano úmido e tampe hermeticamente. Armazene em um local em temperatura ambiente, por até 7 dias; (caso use ovos frescos, armazene na geladeira). A clara natural pode se separar do açúcar depois de alguns dias, transformando o glacê em uma mistura densa e seca. Nesse caso, bata novamente em velocidade baixa, até adquirir consistência de picos firme novamente. Tenha certeza de que nenhum resíduo seco formado na lateral do pote caia na tigela da batedeira.

Consistências do glacê real

Durante o livro, apresentarei três tipos comuns de consistências de glacês (veja página anterior), que são muito importantes para atingir os melhores resultados. Amoleça sua receita básica de glacê real com água, adicionando-a aos poucos e usando uma espátula, até atingir a consistência ideal. Sempre tome cuidado de deixar seu glacê coberto com papel-filme ou pano úmido para evitar que se resseque.

Preparando o Saco de Confeitar de Papel

1 Pegue um pedaço de papel-manteiga com cerca de 35 x 35cm, e dobre uma das pontas ao encontro da outra extremidade. Corte a dobra com uma faca (veja 1).

2 Pegue um dos triângulos de papel formados e segure com a mão esquerda o meio do lado maior do triângulo, e com sua mão direita, a ponta da outra extremidade (veja 2).

3 Com sua mão direita, pegue a ponta da extremidade de sua direita e curve-o ao encontro da ponta do topo, formando um cone (veja 3).

4 Com sua mão esquerda, mova a ponta em direção ao lado direito para encontrar com a ponta de trás do topo do cone.

5 Ajuste para que as pontas fiquem juntas, esfregando o polegar e as pontas dos dedos, até que todas as pontas do topo estejam alinhadas no mesmo ponto (veja 4).

6 Dobre as pontas alinhadas para dentro, faça um pequeno corte de cada lado da dobra e dobre novamente (veja 5).

7 Preencha o saco até a metade, e dobre uma das partes e depois a parte seguinte, formando uma tampa lisa por cima.

Técnicas Básicas para Confeitar

Corte um pequeno pedaço da extremidade do saco de confeitar preenchido com o glacê.

CONFEITANDO LINHAS

1 Segure o saco de confeitar entre o polegar e os dedos e use o indicador de sua outra mão para guiar o traço.

2 Encoste a ponta do saco de confeitar no ponto de partida de sua linha e, lentamente, pressione o glacê. Enquanto estiver pressionando, levante suavemente o saco de confeitar e puxe a linha diretamente no sentido ou, por exemplo, ao longo das laterais dos biscoitos.

3 Quando estiver finalizando, gradualmente abaixe o saco de confeitar, pare de pressionar e finalize a linha com a ponta do saco de confeitar.

CONFEITANDO PONTOS

1 Segure a ponta do saco de confeitar 1mm acima da superfície e pressione o glacê para produzir o ponto na superfície.

2 Gradualmente, levante a ponta do saco para que o ponto fique maior.

3 Depois de atingir o tamanho desejado, pare de pressionar e levante a ponta do saco de confeitar.

4 O ponto pode formar uma pequena elevação em seu topo: achate cuidadosamente com um pequeno pincel de artista.

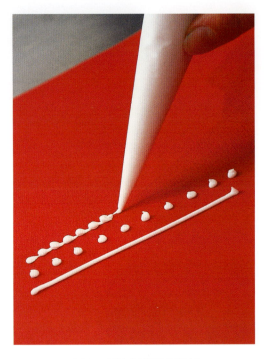

CONFEITANDO LINHAS PONTILHADAS

1 Comece como se fosse fazer um ponto.

2 Depois de atingir o tamanho desejado, pressione a ponta do saco de confeitar para baixo, parando onde o próximo ponto deve começar.

3 Repita o processo, com cuidado para que os pontos estejam alinhados e todos do mesmo tamanho. Depois de algum tempo, você notará sua movimentação mais contínua e linear, e suas bordas ficarão mais bonitas e lineares.

Preparando Rosas de Açúcar

Confeccionar rosas de açúcar é uma atividade que sempre achei fascinante. Uma vez que cada pétala é feita individualmente, é preciso muito tempo e habilidade, mas o resultado vale a pena: as pétalas são tão delicadas que parecem ser de verdade, o que faz dessas rosas uma decoração perfeita para os bolos sofisticados. A quantidade de massa elástica que será necessária depende, é claro, do tamanho das suas rosas.

PARA 5 ROSAS MÉDIAS ABERTAS

250g de massa elástica
um pouco de de gordura vegetal
corantes comestíveis variados
amido de milho para polvilhar
cola comestível
corantes comestíveis em pó variados

EQUIPAMENTO

CORTADOR EM FORMA DE PÉTALA DE ROSA
CORTADOR EM FORMA DE CÁLICE DE TAMANHOS
TEXTURIZADOR DE FOLHAS
ESTECA DE PLÁSTICO COM PONTA ARREDONDADA
SAQUINHO HERMETICAMENTE FECHADO
ROLO DE MASSA PEQUENO
ESPUMA DE BOLEAR FLORES
10 COLHERES DE CHÁ E 10 COLHERES DE SOPA
PALITOS DE DENTE
BLOCO DE ISOPOR
PINCÉIS DE ARTISTA VARIADOS
PANELA PEQUENA
PAPEL-FILME

Para um botão de rosa, você precisará de 1 cone central e 3 pétalas (veja 1-3)

Para uma rosa semiaberta, você precisará de 1 cone central e 6 pétalas (veja 4)

Para uma rosa aberta, você precisará de 1 cone central e 11 pétalas (veja 5)

Para uma rosa totalmente aberta, você precisará de 1 cone central e 18 pétalas (veja 6)

O tamanho das rosas podem variar, dependendo do tamanho do bolo que vai ser confeccionado.

Para meu Bolo Romântico de Rosas (veja página 110) e o bolo Homenagem à Cath Kidston (veja página 104), eu uso cortadores de 4,5cm de comprimento e cortadores de 3,5cm de comprimento, mas se possui outro cortador de diferente tamanho, funcionará muito bem.

Prepare o centro das rosas com pelo menos 1 dia de antecedência.

1 Amasse a massa elástica até adquirir uma consistência macia e maleável e adicione uma pequena quantidade de gordura vegetal, caso ainda esteja rígida.

2 Amasse com a cor desejada, um pouco de cada vez. Caso queira preparar rosas com cores diferentes, divida a massa em porções e depois tinja-a. Enrole a massa em papel-filme e deixe descansar por meia hora. Guarde um pouco da massa para as folhas.

3 Para formar o centro da rosa, pegue um pouco da massa elástica e forme pequenos cones, um pouco menores do que o cortador de pétalas.

4 Unte uma parte das pontas do palito de dente. Pressione verticalmente a parte untada do palito contra a base do cone. Fixe o palito sobre um bloco de isopor e deixe o cone secar por algumas horas (o ideal é deixar secar de um dia para outro). Prepare todos os cones necessários.

PARA PREPARAR OS BOTÕES DE ROSA

→ **5** Para preparar as pétalas de rosa, disponha uma parte da massa elástica sobre uma placa de plástico antiaderente polvilhada com amido de milho. Abra-a até ficar bem fina, com cerca de 1mm de espessura. Pare de abrir, assim que as pétalas estiverem bem finas e lisas. Remova o excesso de massa ao redor das pétalas e coloque-as no saquinho hermeticamente fechado para utilizá-las mais tarde.

→ **6** Disponha a primeira pétala na espuma de bolear flores. Mantenha o restante das pétalas no saquinho fechado.

→ **7** Formate e estique a pétala delicadamente, usando a ponta da esteca de plástico de ponta arredondada, do centro ao meio da pétala. Note como a pétala fica delicadamente mais larga e as pontas, ligeiramente frisadas.

→ **8** Pincele delicadamente a superfície da pétala com cola comestível, usando o pincel fino de artista.

→ **9** Aperte e envolva a pétala ao redor do cone central, tendo certeza de que a ponta está totalmente coberta.

→ **10** Para a segunda camada de pétala, pegue outras 2 pétalas da placa de plástico antiaderente e repita os passos 8 e 9.

→ **11** Pincele delicadamente as pétalas da base até sua metade, com cola comestível. Posicione a primeira das 2 pétalas no centro, um pouco acima do palito. Coloque a outra pétala, delicadamente, por dentro da anterior e pressione as laterais para que elas juntas. Curve o topo levemente com as pontas dos dedos.

PARA PREPARAR UMA ROSA SEMIABERTA

→ **12** Continue envolvendo mais 3 pétalas do mesmo tamanho ao redor do botão de rosa, cada uma levemente aberta. Novamente, curve delicadamente o topo das pétalas com as pontas dos dedos.

PARA PREPARAR UMA ROSA ABERTA

13 Antes de continuar com a próxima camada de pétalas, tenha certeza de que a rosa semiaberta está completamente seca.

14 Forme outras 5 pétalas com o tamanho um pouco mais largo que o tamanho anterior, como descrito no passo 7, e envolva-as na cavidade das colheres polvilhadas com o amido de milho, para as bordas da pétala ficarem para fora da colher. Curve as bordas para fora com a ponta do dedo e deixe secar por 15 minutos, até ficarem levemente maleáveis. Deixe as pétalas semissecas dentro das colheres lhes confere mais volume e formato, ficando parecidas com as reais.

15 Pincele as pétalas da metade ao meio com a cola comestível e arrume-as ao redor da rosa semiaberta anterior. Você poderá achá-las um pouco mais pesadas para manter-se firmes enquanto estão úmidas. Nesse caso, vire a rosa, com cuidado, de cabeça para baixo sobre o bloco de isopor.

PARA FAZER ROSAS ABERTAS

16 Repita os passos 13 a 15, usando 7 pétalas.

PINCELANDO E PREPARANDO OS CAULES DAS ROSAS

17 Depois que as rosas estiverem completamente secas, você poderá realçar as cores delas pincelando as pontas das pétalas com o corante de brilho em pó. Eu uso o corante cor de ameixa para realçar as rosas roxas e rosas do meu Bolo Romântico de Rosas (páginas 110-113).

18 Passe o pincel em um pouco de corante em pó e pincele as pétalas no sentido das bordas ao centro. Você terá que tomar muito cuidado para não exagerar no corante, pois fica quase impossível de consertar. Chocalhe o excesso do pó.

19 Depois de pincelar todas as rosas, ferva um pouco de água em uma panela e segure cada rosa próxima ao vapor, por 3 segundos. Isto fará com que a cor fique viva e acetinada.

PARA FAZER OS CÁLICES E AS FOLHAS

20 Abra um pouco da massa elástica verde com 1mm de espessura e corte os formatos dos cálices e das folhas. Remova o excesso da massa elástica e mantenha-os cobertos para usar mais tarde.

21 Disponha o cálice da rosa na espuma de bolear flores e, delicadamente, arraste a esteca de plástico com ponta arredondada sobre a superfície do cálice do centro para as bordas para esticar e afinar suavemente as bordas. Mantenha as folhas cobertas até mais tarde.

22 Pincele um pouco da cola comestível sobre o topo e fixe-o na parte de baixo da rosa. Belisque e formate as pontas com os dedos, caso necessário.

23 Disponha as folhas sobre a espuma de bolear flores e novamente, estique as pontas com a esteca de plástico com ponta arredondada.

24 Pressione cada folha contra o texturizador de folhas e, delicadamente, formate-as com os dedos para dar um aspecto natural.

Dicas:

• Rosas feitas de açúcar podem durar semanas ou até meses, pois possuem grande vida de prateleira. Tenha certeza de que elas estão protegidas da poeira e do calor, para manter sua cor.

• Use uma cor mais clara para o interior da rosa e uma cor mais escura para a parte exterior das pétalas ou vice-versa. Isto dará um aspecto ainda mais natural para a sua flor.

• Alguns corantes em pó não são comestíveis, portanto, confira o rótulo ou remova as flores do bolo antes de servi-lo.

Glossário

A maior parte dos itens estão disponíveis em lojas especializadas em doces porém, atualmente, alguns produtos poderão ser encontrados em supermercados e em lojas de equipamentos culinários.

INGREDIENTES

Clara de ovo em pó Usada como substituta da clara de ovo fresca, para preparar glacês. Sua principal função é evitar a contaminação, já que é um produto pasteurizado.

CMC (carboximetilcelulose) Espessante que confere elasticidade à massa elástica e ajuda no processo de secagem das pastas. Muito usado misturado à pasta americana, para deixá-la mais fácil de modelar, e fundamental na pasta americana para confeccionar flores. Pode ser usado como cola, própria para colar peças de pasta de açúcar recém-cortadas.

Corantes alimentícios Os corantes alimentícios que uso neste livro são os líquidos ou em forma de pasta. As pastas são mais concentradas, comparadas aos corantes líquidos, e são utilizadas para colorir pastas americanas e marzipãs. O corante líquido é mais rápido de ser misturado e ideal para colorir glacês.

Fondant Feito de açúcar, água e cremor tártaro, o fondant é geralmente usado para glacear doces e muito utilizado na confeitaria profissional e na decoração de bolos. É comum que se compre pronto, industrializado, em lojas de produtos para confeitaria. É o que se usa para cobrir o camafeu de nozes, por exemplo.

Glitter comestível Tenha certeza de que é comestível, e não apenas não tóxico.

Marzipã Pasta de amêndoas e açúcar, o marzipã serve para fazer uma primeira cobertura no bolo antes da decoração. É também ideal para confeccionar flores, pois é muito fácil de modelar. Não é muito comum no Brasil e não temos o costume de usar esta camada de marzipã nos bolos a serem decorados.

Massa elástica Pasta de açúcar misturada com CMC, a massa elástica é ideal para confeccionar flores, pois tem bastante elasticidade. Pode ser aberta em espessura bem fina, seca com excelente acabamento, podendo ser modelada no formato de pétalas de flores.

Pasta americana Pasta de açúcar bem macia e maleável, feita de gelatina, açúcar impalpável e água. A pasta americana é usada para cobrir bolos, confeccionar flores e outros tipos de decoração.

Pó perolado Encontrado em várias cores e comestível, o corante em pó perolado pode ser aplicado puro ou misturado ao álcool para formar uma pasta espessa. Pode ser aplicado diretamente, com a ajuda de um pincel.

Xarope de glucose Versão mais espessa da glicose de milho, é usado na preparação de fondants, para deixá-lo brilhante. Usado nas pastas americanas, ele ajuda a deixar a pasta mais elástica.

EQUIPAMENTOS

Cortador em formato de cálice de rosa Utilizado para cortar a pasta americana em formato de cálices de rosas.

Cortadores em formato de flores Em plástico ou metal, os cortadores são usados para cortar flores e pétalas de flores que serão modeladas com as estecas.

Espátula de metal Espátula de aço inox, utilizada para retirar o excesso de cremes e glacês da cobertura do bolo, deixando-o com uma superfície lisa e uniforme.

Espuma de bolear flores Este produto ainda não é fabricado no Brasil, então ao comprar, é comum as pessoas pedirem por um pad. É uma base de espuma, geralmente com cavidades diferentes em cada lado, que servem para apoio das peças de pasta americana ou massa elástica (em geral, flores), que serão modeladas, com o auxílio de estecas e boleadores.

Esteca de modelar Esteca de plástico com ponta arredondada ou pontiaguda, usada para modelar pétalas de flores feitas de pasta americana.

Pás alisadoras Estas são peças retangulares de plástico maleável, usadas para fazer o acabamento no bolo coberto com pasta americana, deixando a superfície da pasta bem plana e sem marcas de dedos.

Réguas medidoras Em geral de plástico, são peças no formato de varetas, com espessuras diferentes. Servem para permitir que a pasta americana ou o marzipã sejam abertos de maneira uniforme e nivelada.

Saquinho hermeticamente fechado Utilizado para cobrir as peças e flores, feitas de pasta americana ou de massa elástica, para que se mantenham úmidas e maleáveis.

Suportes para flores Peças não comestíveis que imitam as partes de uma flor; são usadas para montagem de flores de açúcar.

Texturizador de pétalas e folhas Peças de acrílico ou plástico que servem para dar textura às peças de açúcar no formato de pétalas e folhas.

TABELA DE QUANTIDADES

Esta tabela o ajudará a saber quais quantidades serão necessárias para cada tamanho de bolo.

As receitas de base deste livro costumam render um bolo quadrado de 20cm, 20-24 cupcakes ou 25 bolinhos com fondant. Lembre-se de que para os bolos de andares, você precisará de dois bolos: dobre as quantidades da receita e asse-os em duas assadeiras do mesmo tamanho (exceto para o bolo Cama de Rosas, na página 86). Os números da segunda coluna indicam por quantas vezes a receita terá que ser multiplicada.

Uma vez que o bolo tende a diminuir um pouco durante o cozimento e que as laterais do mesmo são sempre mais secas que o seu centro, eu recomendo fazer um bolo de 2,5cm mais largo que o tamanho desejado: depois de assado, recorte as bordas, com a ajuda da faca de serra, para atingir o tamanho ideal (usando o suporte de bolo como referência).

Aro de bolo (redondo ou quadrado)	Multiplicar a receita por	Rendimento de porções do bolo (2,5 x 2,5cm), redondas e quadradas	Minibolos	Cupcakes	Bolinhos com Fondant
10cm	¼	10 / 16			
12.5cm	⅓	12 / 20			
15cm	½	20 / 35			
17.5cm	¾	25 / 45			
20cm	1	40 / 60	9	20-24	25
22.5cm	1⅓	50 / 80			
25cm	2	60 / 100	16	40-48	36
27.5cm	2½	80 / 120			
30cm	3¼	90 / 140	25		
35cm	4¼	130 / 185			

· Se você desejar uma peça muito grande sem ter que fazer a quantidade de bolo proporcional, utilize um andar falso (ou vários) entre os andares de bolo. Não se esqueça de avisar os noivos sobre o andar falso, para que não tentem cortá-lo!

Tabela de quantidades para o marzipã e a pasta americana, e para o creme de manteiga e o ganache

Os números abaixo lhe dão a quantidade aproximada que será necessária para cobrir e rechear bolos de tamanhos diferentes, redondos ou quadrados, com uma altura de 8,5cm.

TAMANHO DO BOLO / SUPORTE	MARZIPÃ / PASTA AMERICANA	PASTA AMERICANA PARA SUPORTE DE BOLO	CREME DE MANTEIGA / GANACHE
10cm	400g		150g (ou 25 bolinhos)
12.5cm	500g		225g
15cm	600g	300g	300g
17.5cm	750g	400g	450g (ou 20–24 cupcakes)
20cm	850g	600g	600g (ou 25 minibolos)
22.5cm	1kg	700g	750g
25cm	1.25kg	800g	900g
27.5cm	1.5kg	850g	1.2kg
30cm	1.75kg	900g	1.5kg
32.5cm	2kg	950g	1.75kg
35cm	2.5kg	1kg	2kg

Agradecimentos

O sucesso do meu primeiro livro, *Pretty Party Cakes* (ainda não disponível em português), foi deslumbrante. Queria agradecer todos os leitores que me enviaram lindas cartas e emails do mundo inteiro; espero que este livro inspire vocês tanto quanto o primeiro. Também queria agradecer Alison Cathie, Jane O'Shea e Helen Lewis, da editora inglesa Quadrille Publishing, por ter desenvolvido comigo este lindo projeto e ter me deixado explorar o meu tema predileto – criar bolos e biscoitos para ocasiões românticas. Como sempre, foi um prazer trabalhar com vocês.

Muito obrigada à equipe de produção deste livro: Georgia Glynn Smith, por suas lindas fotografias; Lewis Elson, por ter me ajudado a escrever os textos com suas palavras mágicas; e Chalkey Calderwood Pratt, por ter um olhar tão pertinente sobre design. Trabalhar com vocês foi um privilégio e uma grande inspiração para mim.

Nada deste projeto teria sido possível sem o suporte e a inspiração do meu parceiro, Bryn, dos meus pais Iris e Helmut, e do meu irmão Tom. Eu sou eternamente grata a vocês.

Enfim, queria agradecer a minha equipe, a equipe do Peggy Porschen Cakes, e os meus queridos clientes, que permitiram que o meu estabelecimento seja, no Reino Unido inteiro, o mais importante em relação à decoração de bolos.

Índice

A
alguma coisa azul, alguma coisa emprestada, 109
amantes celestiais, 23
andares, de bolos, 127, 129-30, 132-3
aro de bolo redondo, forrando um, 121

B
biscoitinhos de coração, 29
biscoitinhos de noivos, 13
biscoitos açucarados, 118-19
biscoitos de gengibre, 9, 119-20
biscoitos, 6-33
  amantes celestiais, 23
  biscoitinhos de coração, 29
  biscoitinhos de noivos, 13
  biscoitos açucarados, 118-19
  biscoitos de gengibre, 119-20
  biscoitinhos charmosos, 19
  botões de rosa, 16
  carnaval em Veneza, 24-7
  chá da tarde, 31
  corações personalizados, 14
  doce lingerie, 20
  lábios saborosos, 9
  voo de borboletas, 10
bolinhos com fondant, banhando, 133-4
bolinhos não-me-esqueças, 42
bolo de chocolate intenso, 124
bolo de margaridas, 83-5
bolo napolitano, 97-9
bolo romântico, 74-7
bolo romântico de rosas, 110-14
bolo Victoria, 122-3
bolos de andares, 127, 129-30, 132-3
bolos, 73-113
borboletas
  bolo achocolatado de borboletas, 79-81
  bolinhos de casamento, 45-7
  voo de borboletas, 10
bouquets de flores, 61-3

C
caixinhas de açúcar de estilo Tiffany, 65-7
caldas de açúcar, 125
cama de rosas, 87-91
carnaval em Veneza, 24-7
casamentos
  alguma coisa azul, alguma coisa emprestada, 109
  biscoitinhos charmosos, 19
  biscoitinhos de coração, 29

biscoitinhos de noivos, 13
bolinhos de casamento, 45-7
bolo achocolatado de borboletas, 79-81
bolo napolitano, 97-9
bolo romântico de rosas, 110-13
bouquets de flores, 61-3
floração de primavera, 100-3
homenagem a Cath Kidston, 104-7
Minha Querida Dama, 92-5
minibolos com laço de chocolate, 38-41
chá da tarde, 31
chocolate
  bolo achocolatado de borboletas, 79-81
  bolo de chocolate intenso, 124
  corações de chocolate, 53-4
  ganache de chocolate belga, 126
  minibolos com laço de chocolate, 38-41
chocolate belga, ganache de, 126
confeitando bolos, 129-30
  glacê real, 136-7
confeitar, 138
coração com pontinhos, bolinhos, 54
corações
  biscoitinhos de coração, 29
  bolo romântico, 74-7
  corações de chocolate, 53-4
corações de chocolate, 53-5
creme de manteiga, 125-6
cupcakes
  cupcakes primavera, 68-71
  cupcakes rococó, 56-9
  rosas de fita, 49
cupcakes primavera, 68-71

D
doce lingerie, 20

E
equipamento, 116-17

F
floração de primavera, 100-3
flores
  bolo de margaridas, 83-5
  bolo romântico de rosas, 110-13
  botões de rosa, 16
  bouquets de flores, 61-3
  cama de rosas, 87-91
  cupcakes primavera, 68-71
  floração de primavera, 100-3
  homenagem a Cath Kidston, 104-7
  Minha Querida Dama, 92-5
  rosas de açúcar, 139-41

rosas de fita, 49
flores brancas, 71
forrando um aro de bolo redondo, 121

G
ganache de chocolate belga, 126
glacê real, 136-7

H
homenagem a Cath Kidston, 104-7

J
je t'aime mon amour, 37
juntando os andares do bolo, 132-3

L
lábios saborosos, 9
lingerie, doce, 20

M
manteiga, creme de, 125-6
marzipã, 128, 129
Minha Querida Dama, 92-5
minibolos, 35-71, 127-8

N
namorados, dia dos, 9
napolitano, bolo, 97-9

P
pasta americana, cobrindo suportes de bolo, 131
primavera, cupcakes, 68-71
primavera, floração de, 100-3

R
recheando bolos, 127-30
recheios, 125-6, 128
rococó, cupcakes, 56-9
rosas
  bolo romântico de rosas, 110-13
  botões de rosa, 16
  cama de rosas, 87-91
  rosas de açúcar, 139-41
  rosas de fita, 49
rosas de açúcar, 139-41
rosas de fita, 49

S
sacos de confeitar, 137
suporte de bolo, cobrindo com pasta americana, 131

T
Tiffany, caixinhas de açúcar, 66-7

V
Veneza, carnaval em, 24-7
Victoria, bolo, 122-3
violetas, 71

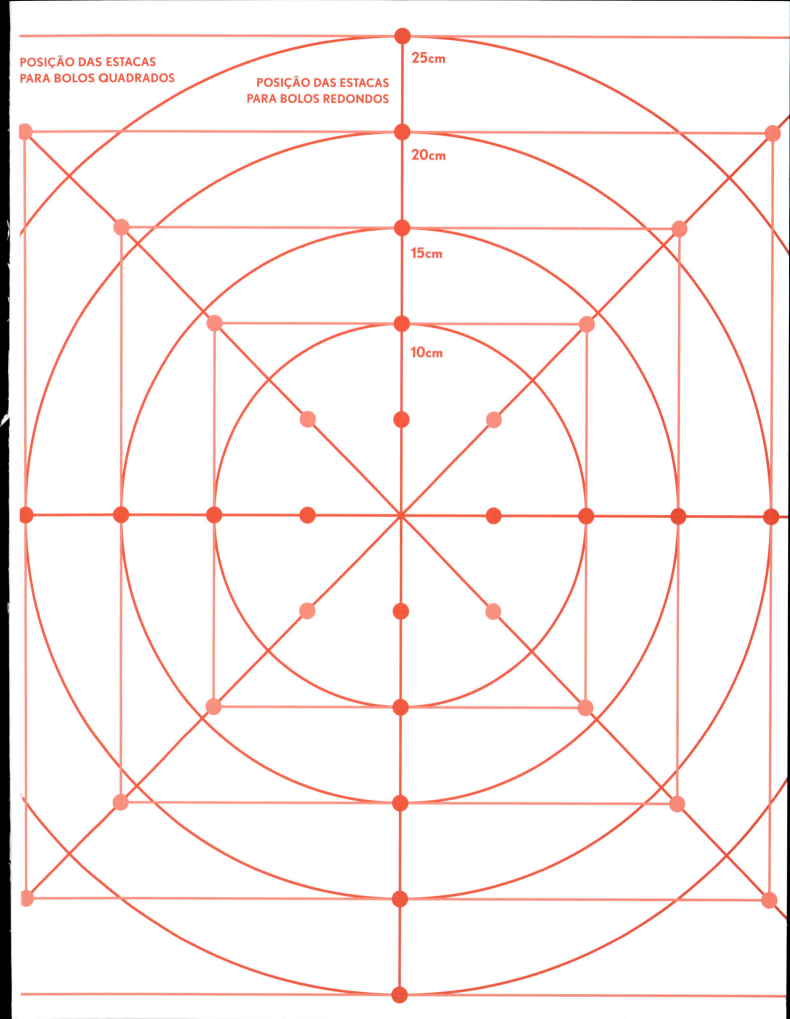

Este molde básico de borboleta pode ser aumentado ou diminuido, de acordo com o tamanho desejado